100 façons de faire dormir son enfant

À mes filles,
que j'aimais tant regarder dormir.
À leur sourire, au réveil.

Anne Bacus

100 façons de faire dormir son enfant

MARABOUT

Introduction

Ce livre est le résultat de vingt années de travail comme psychologue, en pratique libérale et en crèche. Vingt ans d'écoute des parents et des enfants, de leurs difficultés. Ce cri du cœur entendu tant de fois : « Notre enfant ne dort pas de la nuit. On n'en peut plus ! » Suivi de celui-ci, tout aussi fréquent : « Aidez-nous : on a tout essayé ! »

Je reçois des parents épuisés, confus, ne sachant pas s'ils doivent être plus stricts ou plus tolérants, insister ou lâcher, prendre l'enfant dans leur lit ou le remmener dans le sien...

Aussi s'agit-il d'un ouvrage concret, offrant des conseils pratiques aux parents qui souffrent des troubles du sommeil de leur enfant ou désirent les prévenir.

Comme mère de famille, j'ai pu expérimenter : le bébé inconsolable au milieu de la nuit sans qu'on puisse en comprendre la raison ; les coups au plafond des voisins excédés ; la nuit passée sur le canapé du salon pour donner une chance au conjoint de dormir ; les rappels incessants pour un verre d'eau ou un câlin ; les hurlements à trois heures du matin ; l'obligation de se précipiter dans la chambre « pour ne pas réveiller l'aîné » ; le « petit dormeur » debout tous les jours à six heures ; etc.

Bonne nouvelle : on survit ! Quant aux enfants, ils deviennent, passé la petite enfance, des dormeurs au sommeil de plomb puis des adolescents qu'il faudra réveiller à midi.

Vous trouverez dans cet ouvrage, organisé en onze chapitres, 100 conseils simples et efficaces pour faire bien dormir votre enfant.

Le début de l'ouvrage donne des **informations sur la physiologie du sommeil** chez le jeune enfant. Certains points sont importants à connaître si on ne veut pas contrarier, chez le tout-petit, la mise en place des premiers rythmes. Nous y traiterons aussi des conditions qui entourent le sommeil : la manière d'aménager le coin repos ou de vêtir l'enfant. Nous terminerons en passant en revue

les conditions indispensables à un bon sommeil. L'environnement joue un rôle déterminant dans le bien-être et la sécurisation de l'enfant.

La majeure partie est consacrée à **l'éducation au sommeil**. Âge par âge, nous verrons comment aider l'enfant à se sentir à l'aise dans son lit et à aimer dormir. Nous aborderons les interrogations qui sont celles des parents au jour le jour. Cette partie est la plus importante. **Les troubles du sommeil sont persistants et se résolvent rarement spontanément**. Ils ont des effets néfastes, heureusement réversibles. **Alors que la prévention est simple à appliquer**. Il suffit d'être attentif à l'évolution naturelle du sommeil de l'enfant, puis d'organiser son comportement, en lui faisant prendre de bonnes habitudes : cela se fait avec peu de larmes et sans difficultés avec un enfant jeune.

Enfin nous aborderons **les troubles du sommeil proprement dits**. Endormissement difficile, réveils nocturnes, cauchemars : nous verrons comment les comprendre et y faire face. Traiter est toujours plus complexe que prévenir, car il y a beaucoup de stress, d'épuisement, de larmes, d'obstination... Mais **les résultats sont excellents et souvent rapides lorsque les parents sont convaincus de la nécessité d'intervenir et en accord sur la manière de le faire**.

chapitre 1

Des connaissances utiles sur le sommeil

1 Apprenez ***comment fonctionne le sommeil***

« Dormir et rêver, c'est préparer demain en ayant compris et accepté hier… »
Jacques Revel, neurophysiologiste.

Objet d'étude important depuis quelques années, le sommeil reste cependant un sujet peu abordé et rarement enseigné. Nous passons pourtant un tiers de notre vie au lit !

Tant que l'on dort bien, il nous plaît généralement de considérer le sommeil comme une plage de temps silencieuse, où tout s'arrête. Le corps et l'esprit se mettent en repos et nous reprenons des forces en vue du jour suivant. Le sommeil commence à nous intéresser vraiment lorsqu'il pose un problème. Insomnie, sommeil trop léger ou non réparateur, rêve angoissant, réveil au milieu de la nuit, difficulté d'endormissement, etc.

Pour bien comprendre les mécanismes du sommeil des enfants, il est important de bien connaître ceux du sommeil des « grands ».

Les cycles de sommeil

Notre sommeil est organisé en cycles qui se succèdent tout au long de la nuit. La durée d'un cycle est comprise entre 90 et 120 minutes. Cette durée est propre à chacun d'entre nous. Selon les nuits et selon notre besoin de sommeil, nous enchaînons, au cours d'une même nuit, entre quatre et six cycles.

L'éveil spontané de fin de nuit a généralement lieu à l'issue d'un cycle : on se sent en forme, de bonne humeur, prêt à se mettre en route pour sa journée. Un réveil qui sonne ou un enfant qui pleure au milieu de la nuit ont de grandes chances de nous surprendre au cours d'un cycle : sortir de son sommeil et se sentir disponible est alors beaucoup plus difficile.

Le temps d'endormissement est variable. Si nous menons une vie plutôt régulière, l'heure où survient le besoin de sommeil est stable. Ce moment est aisément repérable : sensation de fatigue, bâillements, paupières lourdes, les yeux se mettent à piquer. Si nous sommes prêts à dormir au moment de ces signaux, pas trop envahis par les soucis, le sommeil survient en une dizaine de minutes. Nous entamons le premier cycle de sommeil de la nuit.

Sommeil lent, sommeil paradoxal

À l'intérieur d'un cycle de sommeil, nous passons par des phases successives de sommeil lent et de sommeil paradoxal.

Nous nous endormons presque toujours en **sommeil lent**. Celui-ci est décomposé en quatre stades, de plus en plus profonds, que nous traversons quand nous nous enfonçons dans le sommeil.

- Le sommeil très léger, qui correspond à la phase d'endormissement ou de préréveil.
- Le sommeil léger, où il existe encore une activité mentale et où nous pouvons être réveillés assez facilement.
- Le sommeil profond et très profond : le dormeur ne bouge pas, le visage est inexpressif, les yeux sont immobiles, le pouls lent et régulier.

Le sommeil lent occupe environ les trois quarts de nos nuits. Il a une fonction de récupération de la fatigue accumulée. La machine humaine reprend des forces.

Le **sommeil paradoxal** est le sommeil du rêve. Il succède au sommeil profond, en fin de cycle. C'est pourquoi nous avons tendance à mieux nous souvenir de nos rêves si nous nous réveillons spontanément que si le réveil s'en charge.

Le dormeur est complètement détendu, comme paralysé, et parfaitement endormi. Mais sa respiration et son pouls sont rapides et on constate, sous les paupières closes, des mouvements des yeux : le dormeur rêve. **Les rêves sont absolument indispensables au bon fonctionnement de notre mémoire, de notre intelligence et de nos émotions.**

Le sommeil des parents

Le sommeil permet la récupération physique et l'élaboration psychologique.

Quand nous prenons la décision de concevoir un bébé, nous savons que cela va entraîner des bouleversements dans notre existence. La grossesse et l'accouchement sont des moments de changements et de questionnements intenses, pour le père comme pour la mère. On peut légitimement penser que, pour bien gérer ce moment et vivre avec ces nouvelles émotions, nous avons besoin de moments de récupération, donc de sommeil, importants.

Or la naissance survient, et bébé va se charger de hacher nos nuits ! S'il a faim, il ne se demande pas si ses parents sont en sommeil profond, et s'ils vont devoir s'en arracher péniblement pour venir le nourrir dans un demi-brouillard. Il ne s'interroge pas sur le rêve où ils sont plongés et dont ses cris vont les déloger brusquement.

Les heures de sommeil nécessaires au bon fonctionnement émotionnel, les parents ne les auront pas, bien que ce soit le moment où ils en auraient le plus besoin. Pour se faire à leur nouveau rôle. Pour se montrer disponibles à leur tout-petit. Pour se mettre à son écoute et percevoir ses propres rythmes de sommeil et d'éveil.

Les parents composent. Si la maman allaite, elle se met à la disposition de son bébé et adapte son rythme au sien. L'autre parent participe autant que possible. Mais on comprend aisément la fatigue qui s'installe et le manque de temps de récupération.

Pendant quelques mois, chacun sait qu'il est normal que bébé ne « fasse pas ses nuits ». Mais si les parents ne retrouvent pas une possibilité de dormir « normalement », leurs capacités parentales peuvent en être affectées. Pour pouvoir faire face calmement et efficacement aux troubles du sommeil de son enfant, il vaut mieux soi-même ne pas trop en manquer…

2 Reconnaissez *les spécificités du sommeil de l'enfant*

Prévenir les « désordres » du sommeil demande de prêter une grande attention à l'évolution des rythmes naturels du bébé.

Durant les premiers mois de la vie, les rythmes de sommeil du bébé sont déterminés en grande partie biologiquement. Ces rythmes évoluent et dépendent du développement de l'enfant. Les parents ne peuvent rien y faire si leur tout-petit se réveille à quatre heures du matin, et lui non plus.

Nous allons voir en quoi le sommeil de l'enfant diffère de celui de l'adulte.

La quantité de sommeil

La durée de sommeil sur vingt-quatre heures est très variable d'un bébé à l'autre. Certains, sujets aux coliques, peuvent passer plusieurs heures à se plaindre sans parvenir à trouver le sommeil. D'autres sont d'emblée plus paisibles. Mais, d'une manière générale, **mieux vaut s'attendre à ce que son enfant dorme moins que ce qu'on imaginait**... L'image du bébé calme, passif, passant la majeure partie de sa journée à dormir tranquillement, est à ranger au magasin des rêveries dépassées !

Dans les jours qui suivent la naissance, certains nouveau-nés ne dorment que huit heures, quand d'autres vont jusqu'à vingt. Passé trois mois, les temps de sommeil se rapprochent de quatorze heures par jour.

La qualité du sommeil

Les phases de sommeil du bébé ne sont pas les mêmes que celles de l'adulte.

Le nouveau-né s'endort presque toujours en sommeil agité. Durant cette phase, le bébé bouge beaucoup : mouvements des membres ou des doigts, étirements, bâillements, grognements, expressions du visage. Les yeux bougent et il n'est pas rare que les paupières s'entrouvrent. Sa respiration et son pouls sont rapides. Pourtant bébé dort. Son tonus est bas. Ce sommeil est l'équivalent chez l'adulte du sommeil paradoxal. C'est un sommeil assez léger au cours duquel l'enfant peut facilement être réveillé.

Suit une période de sommeil calme. L'enfant est immobile, ses yeux ne bougent pas et sa respiration est plus ample. C'est l'équivalent du sommeil lent profond. Pendant cette phase qui dure une vingtaine de minutes, bébé dort bien et ne se réveille pas.

Au fil des mois, les phases de sommeil agité diminuent. Entre trois et six mois, l'enfant ne s'endort plus en sommeil agité mais en sommeil lent, et les phases de son sommeil commencent à ressembler à celles de l'adulte.

Le sommeil du bébé s'organise

Le rythme veille/sommeil n'est pas inné. Il s'installe progressivement et spontanément selon deux processus qui se complètent. D'une part une **horloge biologique interne**, dépendante de l'alternance des jours et des nuits sur un rythme de vingt-quatre heures. Cela détermine une grande partie de notre production hormonale. D'autre part, l'organisation du sommeil est sous l'influence de **facteurs d'environnement**. Ces facteurs sont appelés « synchronisateurs externes » par les scientifiques.

Autant les mécanismes internes nous échappent, autant les facteurs d'environnement relèvent en grande partie des parents. Ces synchronisateurs sont tous les points de repère de la journée, qui reviennent quotidiennement, les activités régulières sur lesquelles le bébé va calquer son rythme.

Le repère le plus évident est que, le jour, il fait clair. Mais il y a aussi que maman est disponible, elle prépare à manger, il y a un temps de promenade, des temps de jeux : il est donc intéressant d'augmenter son temps d'éveil. La nuit, non seulement il fait sombre, mais les activités sont réduites et les adultes peu disposés à jouer. Mieux vaut en profiter pour dormir.

Grâce à ces repères réguliers, le bébé va s'adapter. Ses rythmes fondamentaux vont évoluer, lui permettant de s'intégrer davantage dans une vie familiale et sociale qui, peu à peu, va prendre du sens.

Les stades de la vigilance

Le comportement du bébé au cours de la journée peut se résumer en cinq stades, bien différents de ceux de l'adulte, qu'il est utile de connaître.

Le stade 1 correspond à un sommeil calme. Le nouveau-né est immobile, son visage est inexpressif et sa respiration est régulière. Ses yeux sont fermés.

Le stade 2 est celui du sommeil agité. L'enfant bouge, s'étire, grogne ou bâille. Il a des mouvements des yeux et des mimiques du visage. La respiration peut être rapide et bruyante. Ce stade couvre la moitié du temps de sommeil total. **Attention à ne pas croire le bébé réveillé et à ne pas le prendre dans ses bras à ce moment, ce qui ne manquerait pas de le perturber.**

Au stade 3, le bébé est réveillé et calme. Les yeux grands ouverts, il est attentif à son environnement et communique. C'est le moment le plus agréable à partager.

Au stade 4, le bébé est agité. Il s'énerve et n'est plus très attentif.

Le stade 5 survient si l'on n'a pas trouvé la cause du malaise : bébé pleure.

3 Découvrez *des comportements différents*

Nous sommes très inégaux devant le sommeil et celui de chaque dormeur a ses propres caractéristiques.

Le sommeil de chacun est probablement en grande partie déterminé par l'hérédité ; la partie restante dépend de notre adaptation à notre milieu. Le sommeil évolue tout au long de l'enfance, puis acquiert des caractéristiques qui resteront relativement fiables au cours de l'existence.

Il n'y a pas vraiment de sommeil « normal ». Vous avez un bon sommeil s'il vous convient. Si vous vous couchez sans inquiétude particulière. Si vous vous réveillez le matin reposé, avec la sensation d'avoir bien dormi et avec l'énergie nécessaire pour la journée. Que vous ayez dormi sept heures ou dix heures, que vous vous soyez endormi avec les poules ou réveillé avec le rossignol, cela importe peu. Il n'y a pas de règles : **il y a des besoins et des habitudes propres à chacun**, qu'il est difficile de modifier une fois installés.

Comme pour un adulte, **les caractéristiques de sommeil de chaque enfant sont uniques.** La durée « moyenne » de sommeil n'est qu'une approximation : chez les enfants aussi, il y des gros et des petits dormeurs, ceux qui veillent volontiers tard le soir et ceux qui se réveillent à l'aube.

Chaque bébé est unique

Dès la naissance, les caractéristiques personnelles de chaque bébé déterminent son activité physique, son temps de sommeil, le rythme de ses repas et la durée de ses pleurs. Certains bébés sont faciles à suivre : ils acquièrent vite un rythme assez régulier et on peut prédire, sans trop se tromper, à quelle heure ils auront faim et quand ils dormiront. Ce sont des bébés que l'on peut satisfaire aisément.

D'autres sont plus difficiles à comprendre, parce que moins réguliers. Ils dorment moins, pleurent davantage et sont moins faciles à satisfaire et à calmer.

Inutile de se culpabiliser pour autant : vous pouvez être de merveilleux parents et avoir un bébé dont les débuts dans la vie sont un peu « rudes » et chaotiques. C'est juste une question de patience : après trois ou quatre mois, tout rentre dans l'ordre et chaque bébé peut apprendre à dormir tranquillement.

Enfin, il faut savoir que, chez un enfant, les caractéristiques du sommeil peuvent changer au cours des premières années. Un lève-tôt peut devenir un lève-tard, etc.

Chaque circonstance également

Tous les enfants ont une relation différente au sommeil.

L'environnement et des circonstances peuvent avoir des conséquences. Ainsi un rhume peut réveiller un enfant. Le retard du retour de maman peut l'empêcher de s'endormir. L'entrée à la crèche ou à l'école, les débuts chez l'assistante maternelle, de même que des disputes entre ses parents ou l'arrivée d'un nouveau bébé peuvent l'inquiéter suffisamment pour avoir des répercussions sur sa vie nocturne.

Sans parler des cauchemars, des périodes de vacances, d'un déménagement, ou de tout ce qui vient perturber une vie tranquille de petit garçon ou de petite fille.

Aussi rien n'est-il jamais définitivement acquis...

4 Évaluez *les besoins de sommeil de votre enfant*

« Mon bébé d'un mois peut dormir correctement un jour ou deux, puis très mal le jour suivant, pleurant beaucoup. Je ne sais pas quoi faire. Est-ce inquiétant ? » Une maman.

Les variations d'un enfant à l'autre et, pour les plus jeunes, d'un jour à l'autre, étant importantes, ne vous inquiétez pas si votre bébé ne dort pas le temps préconisé dans les livres. Les enfants d'aujourd'hui sont-ils d'emblée plus « éveillés » que ceux d'autrefois ? Quoi qu'il en soit, le temps de sommeil des bébés se situe de plus en plus dans le bas de la fourchette plutôt que dans le haut... **L'image du nouveau-né passif, qui mange pour se rendormir aussitôt, ne correspond pas à la réalité la plus souvent rencontrée.**

Un temps de sommeil variable...

Dès la première semaine, le temps de sommeil, morcelé, peut aller de huit heures à vingt heures par jour, les deux étant aussi « normaux » l'un que l'autre. Pour les parents, ce n'est évidemment pas la même chose... Mais n'ayez aucune crainte : le bébé prend tout le temps de sommeil qui lui est nécessaire. Pour peu qu'il soit au calme, en bonne santé, en sécurité et correctement nourri, **le bébé ajuste son temps de sommeil à ses besoins.**

Le nouveau-né dort donc beaucoup, seize heures sur vingt-quatre en moyenne.

Ce temps de sommeil important est indispensable au bon développement du bébé, tant physique, que psychique ou intellectuel. Il faut savoir que le sommeil a notamment une fonction de mémorisation. Celle-ci est soumise à un rude travail : le bébé a tout à découvrir, tout à apprendre et sa mémoire à organiser !

Le nouveau-né dort rarement plus de trois ou quatre heures d'affilée. Ses réveils sont donc nombreux. Ils surviennent aussi bien le jour que la nuit, indifféremment.

... qui évolue sur les années

Entre un et six mois, la durée de sommeil de l'enfant diminue progressivement, pour arriver à une quinzaine d'heures en moyenne réparties en une nuit et trois ou quatre siestes. Puis la quantité de sommeil diminue peu : elle est souvent autour de treize heures à quatre ans. Le nombre de siestes se réduit, celle du début d'après-midi se maintenant plusieurs années.

La différence entre le jour et la nuit apparaît spontanément vers un mois. C'est alors que les périodes de sommeil de nuit vont se rallonger tandis que celles de jour vont diminuer. La nuit, un bébé de trois mois peut dormir sept à neuf heures consécutives, et dix à douze heures à six mois. Le jour, les moments d'éveil calme vont durer plus longtemps, bébé s'intéressant davantage à son environnement.

Le jour où bébé fait ses nuits

Lorsque bébé commence à « faire ses nuits », c'est un grand soulagement pour les parents. Ils ne doivent pas pour autant s'imaginer qu'ils sont tirés d'affaire. **Les réveils en seconde moitié de nuit sont une caractéristique très fréquente chez les petits jusqu'à quatre ans environ**. De huit à dix-huit mois, une grande majorité des enfants se réveille la nuit. La plupart restent calmes dans leur lit, jouent un peu puis se rendorment. Le problème se pose pour ceux qui ont besoin de l'adulte pour retrouver leur sommeil.

5 Comprenez *que dormir est une épreuve*

« Vous, vous dormez à deux, et moi,
je suis tout seul, alors que je suis petit. C'est pas juste. »
Titouan, 3 ans.

Grandir, c'est traverser une suite d'épreuves qui sont autant d'étapes nécessaires au développement de l'enfant. À chaque fois, le petit s'appuie sur ses expériences antérieures, prend des forces auprès de ceux qu'il aime, et aborde l'étape suivante. Par tout ce qu'elle implique, la traversée de la nuit est une épreuve de la vie de l'enfant.

La séparation d'avec les siens pendant de longues heures

Vers huit à dix mois, les bébés traversent une période où se séparer devient difficile. Ils ne sont pas encore sûrs que vous n'allez pas disparaître pour toujours... Par la suite, la plupart des enfants ont un attachement dit « sécure », c'est-à-dire qu'ils peuvent se séparer de leurs figures d'attachement sans trop d'anxiété. Pour d'autres, c'est moins simple.

L'obscurité, avec l'angoisse qu'elle peut susciter

Autant les tout-petits supportent la pénombre ou l'obscurité, autant les plus grands, avec le développement de leur imagination, peuvent y projeter toutes sortes de craintes. Et tant pis si les loups ont disparus de Paris depuis longtemps, il y en a un sous le lit, c'est sûr !

L'expérimentation de sa toute-puissance sur ses parents

L'une des grandes interrogations de l'enfant (puis de l'adolescent...) est celle-ci : « Qui c'est le chef à la maison ? » Ce qui signifie pour lui : « Qui décide pour ce qui me concerne (heure du coucher, contenu de l'assiette, etc.) ? » L'enfant, pour se construire, entre volontiers dans des rapports de force épuisants pour les parents, qu'il tente « d'avoir à l'usure ». Il essaie, en se relevant cent fois alors que vous l'avez interdit, d'être plus fort que vous et d'avoir le dernier mot. Plus fondamentalement, son interrogation est la suivante : « Mes parents sont-ils assez forts pour me résister, donc pour me rassurer ? »

L'interrogation sur le secret de la vie intime des parents

« Mais que se passe-t-il donc au salon lorsque je suis couché ? Que font mes parents dans leur chambre lorsqu'ils en referment la porte ? »

Autre interrogation fondamentale, touchant au plus intime des mystères : d'où je viens. L'enfant comprend que les parents ont des secrets, une part de leur vie qui lui échappe. Il en est curieux et jaloux. Aussi n'a-t-il de cesse de se relever la nuit et de se glisser dans leur lit...

6 Pointez *les effets de la fatigue sur l'enfant*

Chez l'enfant, un état calme, tranquille et de bonne humeur est une preuve que son sommeil est de qualité et qu'il dort suffisamment.

L'excès de fatigue de l'enfant peut venir d'une heure de coucher trop tardive, d'un sommeil haché et insuffisant ou du manque répété de sieste.

Beaucoup de parents reportent régulièrement l'heure de mise au lit de leur enfant pour passer un peu plus de temps avec lui, parce qu'ils sont rentrés tard, ou pour toute autre raison. Et ils constatent alors que leur enfant, qui ait se coucher sans problème, commence à protester au moment d'aller au lit, ou parfois se réveille grincheux.

Des enfants plus irritables et « difficiles »

Plus encore que pour un adulte, le manque de sommeil de l'enfant agit sur sa capacité à contrôler ses émotions. Le jeune enfant ne subit pas de désordre durable s'il dort insuffisamment. En revanche, son humeur et son comportement s'en ressentent. On constate que, entre six mois et trois ans, les enfants les plus détendus, souriants, adaptables et curieux de ce qu'ils ne connaissent pas dorment en moyenne plus longtemps que les autres. **Ceux qui n'ont pas leur compte de sommeil sont plus facilement irritables, râleurs et difficiles à diriger**. Ils sont moins sociables ou intéressés par leurs jouets. Leur temps d'attention calme est plus réduit. Supportant moins bien la frustration, ils font plus de colères.

Une lutte « nerveuse » contre la fatigue

Le soir, l'enfant, trop fatigué, passe un cap et devient incontrôlable. S'il n'est pas vite couché, son corps lutte alors contre la fatigue en produisant des substances stimulantes, par exemple de l'adrénaline. Ce « second souffle » rend l'enfant énergique. Il se met en mode « alerte et vigilance », témoin du stress. L'enfant paraît « branché sur le secteur », énervé et incapable de se détendre ou de dormir. Face à un bébé ou un petit enfant qui s'agite et réclame, bien des parents pensent qu'il n'est pas fatigué. Au lieu de le coucher, ils le distraient ou jouent avec lui, augmentant encore le niveau de fatigue. C'est un cercle vicieux : **plus l'enfant est fatigué, moins il est en état de ressentir la fatigue et de s'endormir calmement**. Il est plus juste, face à un enfant énervé, qui n'écoute rien et se montre incapable de rester tranquille cinq minutes, de penser qu'il s'agit de la réponse de son corps à un excès de fatigue.

Comment cela se termine-t-il ? Mal...

L'enfant pousse ses parents à bout, entre dans le conflit et finit en larmes. Paradoxalement, ces larmes le détendent et lui permettent de s'endormir. Mais tout le monde est épuisé.

C'est pourquoi il est tellement important de savoir qu'un enfant fatigué, au lieu de montrer clairement des signes de somnolence, présente souvent le comportement inverse.

La chose essentielle à comprendre, c'est que l'enfant devrait être couché dorénavant et régulièrement une demi-heure plus tôt.

7 Repérez *un trouble du sommeil*

Se réveiller la nuit est si banal pour un jeune enfant que cela ne signifie pas qu'il y a un problème psychologique ou émotionnel sous-jacent.

Les problèmes de sommeil passagers font partie du développement normal de l'enfant. Aucun enfant ne dort naturellement, spontanément et volontiers, toutes les nuits, de la naissance à cinq ans. Ce qui signifie que tous les parents sont confrontés, un jour ou l'autre, à un enfant qui refuse de s'endormir, qui se réveille la nuit ou qui fait un affreux cauchemar.

Si ces problèmes dépassent une certaine intensité ou une certaine durée, ils sont considérés comme un trouble du sommeil.

Des troubles fréquents

Les troubles du sommeil sont un des éléments courants de la vie du bébé et du jeune enfant, donc de celle des parents. Ils peuvent survenir à une occasion précise de la vie de l'enfant (maladie, déménagement, changement de nourrice, par exemple) et disparaître rapidement. Ils peuvent aussi s'installer durablement dans la vie familiale, au point que les parents ne se souviennent plus quand ils ont fait leur dernière nuit complète.

On considère que les troubles du sommeil touchent environ 60 % des enfants de manière occasionnelle plus ou moins durable et 20 % des enfants de manière plus grave, voire chronique.

Quand peut-on parler de trouble du sommeil réellement constitué ?

Seuls les parents ont la réponse. Un trouble ne devient pathologique que lorsqu'il a des répercussions importantes. Même si les parents souffrent de voir leurs soirées encombrées et leurs nuits écourtées, tous n'ont pas la même appréciation du phénomène ni le même niveau de tolérance.

Certains font preuve d'une grande compréhension, qui fait parfois écho à leur culpabilité : « On ne le voit pas de la journée, c'est normal qu'il essaie de rester le plus longtemps possible avec nous le soir. Nous aussi, on aime bien le garder près de nous. »

D'autres supportent plus difficilement. Après une journée fatigante et largement remplie, ils ressentent un besoin aigu de disposer de leurs soirées et de leurs nuits pour récupérer. Les conflits autour du sommeil sont trop lourds : ils occupent le temps de la détente et le temps du couple. Ils ne leur permettent plus d'être les parents qu'ils voudraient être.

Une définition variable

Le sommeil de l'enfant petit n'est un problème que dans la mesure où il compromet le bien-être des parents et la joie de vivre de la famille dans son ensemble. Les données objectives existent bien sûr, par exemple :

- La durée excessive de la mise au lit ;
- La réaction de l'enfant qui se retrouve seul dans sa chambre ;
- Le temps du premier endormissement ;
- Le nombre d'éveils du bébé chaque nuit ;
- Le temps mis par l'enfant à se rendormir ;
- La quantité de cauchemars ou de terreurs nocturnes ; L'intensité de la peur du noir ou de l'angoisse de séparation.

Mais **les répercussions dépendent aussi de la réaction des parents**, du temps qu'eux-mêmes mettent à se rendormir, etc.

Une chose est sûre : tous les enfants et toutes les familles peuvent être aidés. Mettre en place de bonnes habitudes de sommeil et traiter rapidement les difficultés qui surviennent restent les meilleures attitudes pour la suite des événements.

8 Ne sous-estimez pas *les conséquences*

De nombreuses nuits sans sommeil peuvent avoir des conséquences néfastes sur le couple et sur la famille.

De bonnes habitudes de sommeil ou, à l'inverse, un sommeil troublé pour toute la famille, cela change tout. Bien reposé, chacun peut faire face à ses émotions et aux tâches de chaque jour, appréhendant la vie avec optimisme, énergie et bonne humeur. **Le manque de sommeil peut rendre la vie familiale stressante** et interférer plus qu'on ne l'imagine de prime abord sur le comportement habituel de chacun.

Sur l'enfant

Tant que votre enfant est très jeune, il souffre généralement peu de ses difficultés de sommeil nocturne. Le plus souvent, il récupère le jour, lors de ses siestes, le sommeil qu'il n'a pas eu la nuit. Néanmoins, soyez convaincu que **l'enfant qui est autonome la nuit et dort correctement est finalement plus heureux**. Il est plus à même de contrôler son équilibre émotionnel et de faire face aux défis de la journée. Il est plus relaxé, ses parents aussi : l'ambiance générale est meilleure.

C'est lorsque l'enfant commence à grandir, qu'il peut être lui-même affecté par ces difficultés. **Sommeil et santé sont liés**. Il y a d'abord les effets de la fatigue, lorsque la sieste devient plus rare. Mais aussi les conséquences déjà évoquées sur l'humeur et sur les capacités d'apprentissage. S'il est courant de dire que les problèmes de la nuit se règlent le jour, il est tout aussi exact d'affirmer que les difficultés de sommeil entraînent des difficultés d'éveil.

Un bon développement est lié à la capacité, la nuit, de récupérer des efforts du jour. Le sommeil joue des rôles multiples, dans le développement de l'enfant, dont beaucoup nous échappent encore, mais parmi lesquels on compte, la faculté de mémorisation et la production d'hormone de croissance. Outre les effets de la fatigue, **l'enfant peut souffrir d'un manque d'estime de soi-même s'il se sent encore dépendant de ses parents pour son sommeil et ses nuits.**

Sur les parents

Pourtant ce sont généralement les parents, parfois les enfants aînés, qui payent le plus lourd tribut aux troubles du sommeil du petit dernier. Leurs journées peuvent être très affectées par la fatigue, sur les plans physique, intellectuel ou émotionnel. De merveilleux parents peuvent se retrouver à crier sur leur bébé, ou à fondre en larmes d'épuisement, tant la privation de repos peut être douloureuse. Ils peuvent aussi rencontrer des difficultés dans leur vie de couple, tout simplement parce que cette dernière est désormais réduite à très peu de choses. Quand on ne partage plus que l'épuisement, les conflits surviennent rapidement.

C'est dès l'enfance que se construit le rapport au sommeil. Selon les habitudes prises, on devient un bon ou un mauvais dormeur. **Les parents ont une responsabilité éducative importante** à jouer dans ce domaine. C'est à eux de se renseigner sur les mécanismes du sommeil, de comprendre les enjeux et d'adopter les bonnes attitudes.

9 Révisez *vos objectifs*

« Je ne me souviens plus à quand remonte la dernière fois qu'il a fait une nuit complète. Je donnerais un bras pour une nuit ! » Une maman.

Il est normal que l'enfant se réveille de temps à autre, en passant d'un cycle à l'autre. Cela l'est moins qu'il reste dépendant de vous pour se rendormir.

Quand on y réfléchit bien, **le sommeil est un enjeu essentiel dans la vie de l'enfant et dans la relation qu'il entretient, tant avec ses parents qu'avec lui- même**. Durant les toutes premières années de sa vie, les raisons qu'a un enfant de ne pas vouloir se mettre au lit, de lutter contre l'endormissement ou d'appeler à l'aide lorsqu'il se réveille sont nombreuses. Plus que celles qu'il aurait de faire une longue nuit paisible. Citons-en quelques-unes, sans souci de hiérarchie.

Pourquoi le petit se réveille et crie ?

- Bébé a faim. Il a soif. Il a trop chaud.
- Il est entortillé dans son drap. Il a coincé une jambe entre deux barreaux du lit.
- Sa couche est sale.
- Il a perdu sa tétine ou son doudou.
- Il n'a aucune envie de se séparer de sa maman qu'il adore, et il ne voit pas pourquoi il le ferait.
- Il n'a pas envie de laisser maman à la seule garde de papa, vu qu'il ne sait pas trop ce qu'ils font derrière son dos.
- Il a mal aux dents, mal au ventre ou mal aux oreilles. Il a le nez bouché. Il a de la fièvre.

- Il sait se lever mais ne sait pas se rasseoir.
- Il est dans un nouveau lit, une nouvelle chambre, une nouvelle maison, et se sent un peu perdu.
- Il traverse une étape importante de son développement et cela est très excitant.
- Il déteste être tout seul dans une pièce.
- Il a fait un cauchemar.
- Il a peur du noir et des monstres sous le lit.
- Il n'a pas assez vu ses parents pendant le jour et tente de se rattraper la nuit.
- Il n'arrive pas à trouver le chemin du pot ou des toilettes.
- Il cherche à mesurer sa toute-puissance sur ses parents en calculant combien de fois il peut les faire revenir à son chevet et combien d'heures de nuit il peut les mobiliser.

Cela fait beaucoup de raisons de se réveiller et de crier !

Espérer juste un peu de calme

C'est pourquoi, si votre objectif est que votre bébé, passé trois mois, dorme d'une traite toutes les nuits, c'est irréaliste. Aucun enfant ne peut le faire. En revanche, **rendre votre enfant autonome et limiter vos interventions** aux cas vraiment nécessaires, c'est tout à fait accessible.

Il est possible de **mettre en place de bonnes habitudes de sommeil** qui vont assurer des nuits correctes à chacun et permettre d'améliorer tous les troubles, même les plus anciens. Il n'existe pas de recette miracle, mais pouvoir dormir des nuits entières le plus souvent n'est pas un rêve impossible. Les troubles du sommeil d'origine éducative, les plus nombreux, relèvent d'une pédagogie assez simple à appréhender et à appliquer lorsqu'elle est bien comprise.

En d'autres termes, il ne s'agit pas de « faire dormir » un enfant qui le refuse, mais de lui permettre de devenir autonome en ce qui concerne son sommeil. Le but est d'obtenir que l'enfant, une fois accompagné dans sa chambre à une heure raisonnable, une fois la porte de sa chambre refermée, laisse ses parents prendre le repos dont ils ont, eux aussi, grand besoin et partager un temps d'intimité. On ne peut pas obliger un enfant à dormir, mais on peut tout à fait obtenir qu'il reste au calme dans sa chambre quand est arrivée « l'heure des parents ».

On peut faire confiance à un enfant qui n'est pas fâché avec le sommeil : comme pour la nourriture, il prendra ce dont il a besoin, et cela peut différer selon les jours, les âges et d'un enfant à l'autre.

Ne vous inquiétez pas si votre enfant ne s'endort pas dès que vous le mettez au lit ; inquiétez-vous s'il ne peut pas s'endormir ou se rendormir sans votre intervention et s'il perturbe durablement le reste de la maisonnée.

Même une fois que les bonnes habitudes sont prises, des événements divers peuvent venir perturber le sommeil. Sur-réagir ne fera que prolonger la difficulté. Rassurer et remettre très vite la routine en place est ce qu'il y a de plus efficace.

« Le jour où j'ai compris que le "combat" que je menais chaque soir pour faire dormir ma fille était perdu d'avance, j'ai eu l'impression de faire un pas de géant dans l'évitement des conflits. Quand je demandais à ma fille d'aller dormir, elle me répondait invariablement : "Mais j'ai pas sommeil !", même si je voyais tous les signes de la fatigue dans ses yeux et dans son corps. Un jour, j'ai changé ma phrase. À la même heure, j'ai dit :

– Il est l'heure d'aller dans ta chambre.

– Mais j'ai pas sommeil !

– Je ne te demande pas de dormir. Je te demande juste d'aller dans ta chambre. Maintenant ce n'est plus l'heure des enfants, c'est l'heure des parents. Tu peux prendre un livre ou écouter une histoire, si tu préfères. Comme cela, lorsque le sommeil viendra, tu seras prête.

Cette façon de faire a désarmé presque toute résistance. De ce jour, je ne me suis quasiment plus jamais occupée de l'heure à laquelle ma fille se couchait ou éteignait sa lampe de chevet : je l'ai laissée gérer son sommeil. J'ai été vigilante, mais très peu intervenante.

En réalité, toute sa petite enfance, elle s'endormait très vite, parfois surprise par le sommeil au milieu d'un jeu. Plus tard, ses horaires sont devenus plus irréguliers. Elle prenait le sommeil dont elle avait besoin. Aujourd'hui, à seize ans, comme tous les ados, elle adore son lit… »

Une maman.

chapitre 2

Comme on fait son lit, on se couche !

10 Trouvez *un coin pour bébé*

Un petit nid douillet, que le bébé reconnaîtra comme sien, est un excellent point de départ pour une nuit tranquille.

Les conditions qui entourent le sommeil sont très importantes. L'endroit où l'on couche l'enfant, la taille du lit, sa place dans la chambre, les éléments de décoration, tout cela peut contribuer à faciliter un bon sommeil. Aussi allons-nous passer en revue les éléments les plus déterminants.

La répartition de l'espace familial

Il n'est pas rare qu'une mauvaise gestion de l'espace familial soit la cause de malaises comme de troubles du sommeil chez l'un ou l'autre des membres de la famille : chambre individuelle peu investie, chambre parentale aux multiples fonctions, etc. Pour que chacun se sente en sécurité, **il est souhaitable que les parents aient un espace intime pour abriter leur couple**, que le séjour soit le centre convivial de la maison, le lieu des échanges familiaux, et que la (les) chambre(s) des enfants ne soit pas seulement un dortoir, mais aussi un espace de plaisir et de jeux partagés.

Un coin pour soi

Toutes les familles n'habitent pas un immense appartement où chaque enfant dispose d'une chambre à lui et d'une salle de jeux. Heureusement, cela importe peu. Le bonheur de se retrouver « chez soi » ne dépend pas du nombre de mètres carrés, mais de la sensation de confort qui y est associée. **Ce qui compte, c'est que l'enfant ait un petit coin à lui, avec ses affaires, dans lequel il se sente bien**. Cette sensation de sécurité tient à quelques points importants.

Même si la disposition des lieux ne permet pas de prévoir une chambre pour le bébé, il est toujours possible de lui attribuer un coin dans la maison, dans la chambre d'un aîné ou dans la chambre des parents, où il se sentira chez lui. Ce coin peut être délimité par un paravent, un rideau ou une fausse cloison, comme une bibliothèque. On peut alors ajouter dans son petit coin quelques éléments de décoration « enfants », comme un mobile ou une affiche, qui lui permettront de se sentir « chez lui ».

Un lieu d'intimité

La décoration de la chambre de bébé n'est pas ce qui influence le plus la qualité de son sommeil. Mais votre enfant appréciera, très jeune, de retrouver, chaque fois qu'il se couche, la même ambiance et les mêmes objets. C'est pourquoi il est important que le petit lit ait une place, toujours la même. Le très jeune bébé peut s'endormir n'importe où : il est alors pratique de déposer le couffin dans la pièce où l'on se trouve afin de rester en sa présence. Mais, en grandissant, le bébé a besoin de repères. Il se sentira insécurisé s'il est couché dans des endroits chaque fois différents.

Dans sa chambre, il appréciera vite de pouvoir choisir les objets ou les éléments de décoration dont il s'entoure. De la même façon, tout enfant devrait pouvoir disposer d'un tiroir ou d'une étagère élevée, hors de portée des puînés, où il peut garder ses trésors.

Pour que l'enfant se sente bien et se couche en toute sérénité, il convient que sa chambre, ou l'espace dont il dispose, soit pour lui comme un petit nid auquel il est habitué, et qui devient synonyme de confort et de sécurité.

11 Aménagez *au mieux l'espace*

Les conditions d'environnement, de sécurité et de confort jouent un grand rôle lorsqu'il s'agit de gérer les réveils à trois heures du matin...

L'éclairage

Vous allez devoir entrer la nuit dans la chambre de votre bébé. Pour ne pas trop le déranger, l'éclairage idéal est une lampe dont on peut régler l'intensité lumineuse. Vous la réglerez au minimum s'il s'agit de venir rassurer (ou vous rassurer), un peu plus quand il s'agira de retrouver la tétine qui aura roulé sous le lit...

Une petite veilleuse peut aussi être suffisante et évite d'avoir à changer la luminosité de la pièce, ce qui pourrait réveiller le bébé.

La lumière du jour

Certains enfants sont très sensibles à la lumière du jour. Si vous ne voulez pas que votre enfant se réveille à six heures du matin les jours d'été (et ne puisse s'endormir avant la nuit lorsque celle-ci ne tombe qu'à vingt-deux heures), mieux vaut penser à équiper la pièce de volets ou de rideaux doublés d'une tenture sombre.

La sécurité

Votre enfant va souvent se trouver seul dans sa chambre. Il faut qu'il y soit en toute sécurité. Vous devez donc être très attentif, parer tous les risques. Ne placez jamais sous la fenêtre des meubles que l'enfant pourrait un jour escalader pour ouvrir et se pencher.

Soyez très attentif au système électrique : pas de rallonge, mais des cache-prises ou des prises de sécurité. Pas de meubles avec des angles vifs. Ne laissez pas traîner des petits objets que l'enfant pourrait porter à la bouche.

La température

Un tout-petit est sensible à la température. S'il a trop chaud, il transpire et dort mal. S'il a trop froid, il va vite perdre de sa température intérieure, incapable qu'il est encore de réguler ses fonctions internes. Tenir la température de la pièce à un niveau constant autour de 20 degrés lui assurera un bon confort.

L'humidité

Un air trop sec, lié au type de chauffage des logements, peut aussi favoriser les difficultés respiratoires, donc les réveils. L'hiver, un simple humidificateur accroché au radiateur peut régler le problème en ramenant un taux d'humidité confortable.

L'emplacement du lit

La meilleure place pour le lit de votre bébé est certainement dans un coin de la chambre, sinon contre un mur. Le petit enfant aime à se sentir blotti : dormir au milieu de la pièce ne conviendrait pas. Contre le mur, ou dans un angle entre deux murs, il se sent plus en sécurité. Ainsi, au-dessus de son lit, vous pouvez accrocher une affiche agréable qu'il reconnaîtra vite.

Votre bébé appréciera rapidement d'avoir une vue d'ensemble de la pièce, notamment de la porte. Le besoin de contrôler son environnement passe par le fait de voir qui entre dans sa chambre. Ce sera surtout important lorsqu'il devra affronter les premières peurs de l'obscurité.

Pour des raisons de confort et de sécurité, évitez de placer le lit sous une fenêtre ou trop près du radiateur.

12 Choisissez *le bon lit de bébé*

Mettez toutes les chances de votre côté : le lit et la literie sont autant une question de bien-être que de sécurité.

Pour le nouveau-né, vous avez le choix. Bébé dormira aussi bien dans un couffin, un lit d'auto, un landau ou un berceau. Après quelques semaines, le berceau installé dans un coin de la chambre, puis le petit lit, sont tout à fait adaptés.

Le lit à barreaux

Le lit à barreaux est un grand classique des chambres d'enfant, l'étape traditionnelle entre le berceau et le lit de grand.

Souvent la profondeur du lit à barreaux est réglable et un côté des barreaux peut coulisser à volonté, pour prendre bébé plus facilement.

Ce n'est pourtant pas la seule solution. Et sans doute pas la meilleure pour favoriser le sommeil des enfants. Si les barreaux sont rassurants pour les parents, ils constituent une entrave pour l'enfant qui ne peut pas se lever librement pour jouer dans sa chambre. Il est clair que les lits à barreaux ont été inventés pour tranquilliser les parents : une fois que bébé est dans son lit, matelas baissé et barreaux relevés, on sait où il est, qu'il ne peut en sortir et qu'il ne fera pas de bêtises (du moins tant qu'il n'est pas capable d'escalader les barreaux, ce qui vient plus vite qu'on ne le pense).

Mais les enfants, comme les adultes, ont besoin que leur lit soit un lieu accueillant et à leur disposition, où ils peuvent aller s'allonger et se relever à leur convenance.

Si les parents décident quand leur enfant se couche ou se lève, cela ne lui permet pas de trouver son propre rythme en étant à l'écoute de ses besoins intérieurs.

Le simple matelas

L'alternative consiste à faire dormir l'enfant sur un matelas posé directement sur le sol ou sur un sommier à lattes sans pieds. Comme le bébé aime avoir un espace de sommeil « délimité » (il rampe souvent jusqu'à avoir la tête appuyée contre la paroi du lit et cela semble le rassurer), on peut fabriquer aisément un encadrement pour le matelas, en collant ou vissant quatre planches. Leur hauteur doit être juste suffisante pour que l'enfant ne roule pas hors de son matelas en dormant (environ deux fois la hauteur du matelas). Un entourage de lit molletonné sert de « bourrelet antichoc ».

Tant que bébé ne rampe pas, il se trouve dans ce lit comme dans tout autre à ses dimensions. Seule différence : il faut se baisser pour l'embrasser ! Mais dès que l'enfant rampe, il apprend vite à passer, sans aucun danger, par-dessus l'encadrement en bois. Ainsi, lorsqu'il ne veut pas encore dormir ou qu'il n'est plus fatigué (mais qu'il n'est pas encore l'heure de le lever), il peut, librement, sans avoir besoin de ses parents, sortir de son lit et aller chercher le jouet qui lui plaît.

Si, dans les premiers temps, il est fréquent de retrouver son enfant surpris par le sommeil au milieu de la pièce, il apprend très vite à regagner son lit lorsqu'il sent la fatigue venir.

Laisser l'enfant évoluer librement dans son « domaine » suppose d'avoir réglé toutes les questions de sécurité et que l'environnement soit parfaitement sûr. À terme, c'est un bon moyen d'éviter les conflits autour du sommeil.

Le tour de lit

Le tour de lit est cette bande de tissu décorative et molletonnée qui entoure le lit à barreaux. Elle permet que l'enfant se sente plus confortable si, pendant son sommeil, il se rapproche des barreaux.

Le tour de lit empêche qu'il cogne sa tête ou qu'il glisse bras ou jambe entre les barreaux.
Assurez-vous aussi que le tour de lit est bien fixé. Il participe au fait que le bébé se sente en sécurité et puisse se blottir dans un coin de son lit.

Au bout de quelques mois, bébé n'éprouve plus ce besoin de se blottir. Mais il est devenu curieux de tout. Le tour de lit devient ce qui l'empêche de voir ce qui se passe dans sa chambre, qui entre ou qui sort. L'enfant est obligé de se lever pour se renseigner. Pour peu qu'il sache se redresser en se hissant aux barreaux, mais non se recoucher, le sommeil n'est pas prêt de venir ! Il est temps d'ôter le tour de lit.

La literie

Quel que soit le type de lit choisi (couffin rigide, berceau, lit à barreaux, sommier sans pieds ou autre), l'idéal est d'y installer un matelas de mousse assez ferme et bien adapté aux dimensions. Recouvrez le matelas d'un drap housse.

Au niveau de la tête du bébé, installez un lange en coton carré. Il protège la literie et absorbe bien la transpiration. Dans un couffin, pliez le lange en deux et bordez-le. Dans un lit plus grand, accrochez-le aux quatre coins avec des épingles de sûreté.

Bannissez :

- l'oreiller, inutile et dangereux ;
- la plume, qui peut favoriser la survenue d'allergies.

Dans une couette, des draps et des couvertures, le bébé risque de s'entortiller ou, au contraire, de se découvrir. Ce qui reste ? La turbulette, encore appelée « gigoteuse » ou « sac de nuit », qui garde bébé au chaud et évite tout linge de lit. Pourtant certains parents, et certains enfants dès qu'ils sont capables de marcher, préfèrent une literie classique. À chacun de choisir ce qui lui convient.

13 Prévoyez *le passage dans un lit de grand*

« Je vais accoucher dans trois mois.
Notre aîné a trois ans. Dans quelques mois,
nous le changerons de lit : il aura un lit de grand
et nous donnerons le lit à barreaux au bébé.
Y a-t-il une manière de faire particulière ? »
Une maman.

Un jour ou l'autre, l'enfant devient trop grand pour son petit lit. Vient aussi le moment où rester dans son petit lit à barreaux devient dangereux, tant l'enfant est vif et enclin à les escalader.

À moins de l'avoir installé dans un lit évolutif, dont on peut enlever les barreaux et agrandir le matelas, votre enfant va devoir passer dans un « lit de grand », qu'il gardera peut-être jusqu'à ce qu'il quitte la maison. Mais **changer de lit peut troubler son sommeil pendant quelque temps**.

Un ressenti contradictoire

Le petit enfant ressent des sentiments contradictoires face au fait de changer de lit. D'une part, il a hâte de le faire. Dormir dans un grand lit, c'est le signe indubitable qu'on est un grand et il ne rêve que de cela. Il sera fier de vous accompagner dans le magasin de meubles et de choisir son nouveau lit.

D'autre part, il est encore très attaché à son petit lit qui fut le témoin de tant de moments de vie. C'est un lit bien rassurant, quand on se sent encore tout petit, ce qui arrive bien souvent. Le seul lit dont il se souvienne. Celui dont il peut toucher les bords, du dos ou des pieds, lorsqu'il a besoin de se rassurer. Ou il peut se rouler en boule sans se sentir minuscule...

Aussi ce changement de lit, pour ne pas perturber le sommeil de votre enfant, demande-t-il quelques précautions.

Procédez en douceur

- Choisissez le bon moment. Quand l'enfant est d'accord pour ce changement. Quand sa vie est, par ailleurs, dans une période plutôt stable : pas lors d'un changement d'école ou de maison, pas au moment de l'apprentissage de la propreté de nuit, par exemple.
- Préparez le changement en ôtant un des côtés des barreaux si le lit le permet, puis en autorisant l'enfant à dormir par terre avec juste son ancien matelas. C'est-à-dire dans des situations qui ressemblent de plus en plus à son futur lit. L'enfant apprend à situer son corps en le centrant par rapport au matelas, donc à ne pas rouler hors du lit. Puis vous pouvez, au besoin, lui proposer de dormir d'abord sur le nouveau matelas posé par terre, pendant quelques jours.
- Si vous achetez un nouveau lit, emmenez votre enfant avec vous pour le choisir. Au besoin, faites un premier repérage puis emmenez-le lorsqu'il ne s'agit plus que de choisir entre les deux ou trois que vous avez sélectionnés.
- Faites-le participer au choix d'une jolie paire de draps ou d'une housse de couette, avec un dessin qui lui plaît, une couleur qu'il aime, son personnage favori.
- Faites le lit avec lui, en ayant soin de garder son oreiller et tous les éléments « personnels » auxquels il tient, avec les peluches bien sûr.
- Si votre enfant semble impatient de dormir dans son nouveau lit et tout à fait d'accord pour remiser l'ancien, pas de problème : démontez ce dernier. En revanche, s'il semble hésitant et que la pièce le permet, vous pouvez laisser les deux lits cohabiter quelques jours. Dans le grand, on lit l'histoire, on fait des câlins, on fait la sieste. Dans le petit, on dort la nuit. La durée de cette phase de transition dépend entièrement de l'enfant. Il n'y a

aucune raison de le bousculer. Quand il est prêt, on démonte le petit lit et on lui dit au revoir.

- Quoi que tente l'enfant (« Maintenant que je suis dans un grand lit, je peux rester au salon le soir »), maintenez le rituel du coucher aussi stable que possible. S'il essaie de faire durer la mise au lit en revenant sans cesse pour un baiser ou un verre d'eau, cela témoigne d'une inquiétude passagère. Votre calme et votre fermeté vont le rassurer et éviter que s'installe un enchaînement sans fin de réclamations dans les jours et les semaines qui viennent.

Quand le lit passe au puîné

Pour un enfant de deux à quatre ans, avoir un petit frère ou une petite sœur est une joie que l'on partage avec les parents, et une grande aventure. Mais c'est aussi une épreuve émotionnelle qui n'est pas facile à vivre. L'enfant a conscience qu'il va devoir, dorénavant, partager le temps de ses parents, leur attention et leur affection. Il avait tout : maintenant le bébé va en prendre une grande partie ! C'est difficile mais c'est inévitable.

Si en plus le bébé lui prend ses jouets et son lit, alors là rien ne va plus ! C'est pourquoi **il est conseillé de l'habituer à dormir dans un grand lit avant de passer son petit lit au plus jeune**. Cela peut se faire soit avant la naissance, soit lorsque le bébé est encore dans un berceau. Il est préférable qu'il n'y ait pas de lien apparent entre les deux événements.

L'aîné grandit, il passe dans un grand lit, le petit lit est démonté. Quelques semaines ou quelques mois plus tard, lorsque le bébé aura l'âge de quitter le berceau pour le lit à barreaux, l'aîné sera complètement habitué à son nouveau lit. Il sera sûrement d'accord quand vous lui proposerez de remonter son « ancien lit de bébé » pour son petit frère ou sa petite sœur.

14 Limitez *les peluches et les jouets*

« Pour sa naissance, Robin a reçu une grande quantité de peluches. Je me demande si c'est bon pour lui de les avoir toutes dans son lit. »
Une maman.

Il n'est pas recommandé de laisser un grand nombre de jouets et peluches dans le lit d'un tout petit bébé. Une poupée de chiffon douce et lavable, un portique ou un mobile suspendu au-dessus du lit, cela suffit amplement à satisfaire sa curiosité quand il ne dort pas.

La fonction du lit

Trop de peluches peuvent à la fois prendre trop de place dans le lit de l'enfant et l'empêcher de bien respirer, voire favoriser une réaction allergique. Quant aux jouets, ils deviennent vite inconfortables.

En résumé, le lit est fait pour dormir. Si l'enfant ne peut pas en sortir, il peut lui permettre aussi de s'occuper en cas d'insomnie. Mais ce n'est pas un coffre à jouets !

La fonction des jouets

Il est conseillé de mettre toujours le même jouet dans le lit pour que l'enfant s'y attache et soit ainsi rassuré par sa présence. Quand votre enfant aura grandi, vous pourrez choisir ensemble la ou les peluches qui accompagneront son sommeil chaque soir : cela peut faire partie d'un petit rituel. Vers huit ou neuf mois, votre enfant aura développé des attachements particuliers avec certains de ses jouets et vous saurez très bien lesquels glisser dans le petit lit.

Les autres peluches ? On les couche, on leur dit bonne nuit, on les retrouve le lendemain.

Cependant, à une période où votre bébé se réveille tôt et où vous souhaitez le faire patienter un peu dans son lit avant de le lever, il peut être intéressant de glisser dans son lit, après qu'il se soit endormi, quelques peluches ou jouets différents qui occuperont sa curiosité quelque temps. Choisissez des jouets qu'il connaît et apprécie pour ne pas lui faire peur.

15 Regroupez *vos enfants dans la même chambre*

« Nous avons la chance d'avoir une grande maison, ce qui permet à chacun de nos trois enfants d'avoir sa propre chambre. Mais souvent, le matin, nous retrouvons le petit de deux ans dans la chambre de sa sœur aînée, quand ce n'est pas dans son lit. On dirait qu'ils ne profitent pas de leur chance ! »
Une maman.

Cette maman, comme beaucoup d'entre nous, a sans doute rêvé, dans son enfance, d'avoir une chambre à elle. C'est souvent une des causes du choix de l'aménagement de la maison. Les parents, lorsqu'ils étaient enfants, ont dû partager leur espace avec des frères et sœurs, et ils en ont gardé quelques souvenirs amers. Ils veulent offrir à leurs enfants ce qu'ils n'ont pas eu : une chambre à soi. Sans se demander si ce rêve est aussi celui de leurs petits.

Halte aux idées reçues

C'est une idée très répandue qui dicte l'attitude de nombreux parents dans le choix ou l'aménagement de leur maison : il est mieux que chaque enfant ait sa chambre. Quitte à ce que les parents, eux, dorment dans le salon. Mais cette solution est-elle la meilleure pour l'épanouissement de chacun ? La réponse dépend de nombreux facteurs.

Il est tout à fait normal que des enfants jeunes trouvent plus amusant et plus rassurant de dormir ensemble plutôt que chacun dans une pièce différente. Ne vous inquiétez pas : en grandissant, l'envie d'avoir chacun leur espace deviendra essentielle et ils sauront alors savourer la chance qu'ils ont !

En revanche, si l'écart d'âge entre les enfants est important, en admettant que l'habitation le permette, c'est souvent un bon choix de donner une chambre à chaque enfant. Les centres d'intérêt sont tellement différents qu'ils rendent forcément la cohabitation difficile, mais pas impossible. Elle demande à l'aîné de la patience et au petit d'apprendre le respect de ce qui ne lui appartient pas.

Partager la même chambre

Cela présente de nombreux avantages, d'autant plus si les enfants sont de même sexe et d'âges proches.

- *Cela aide à lutter contre les démons de la nuit.* Tous les petits, entre deux et dix ans environ, ont peur de l'obscurité. Être deux (ou trois), c'est être deux fois plus forts pour chasser les monstres cachés sous le lit et les voleurs embusqués dans les placards !
- *Cela apprend à négocier et à partager.* Partager sa chambre, même si elle est grande, oblige à faire de la place à l'autre. Avec le temps, on devient vite solidaires et complices. Les bêtises se font à deux, les bonnes surprises aussi.
- *Cela impose à chacun l'apprentissage du respect.* Vivre à deux dans un petit espace, c'est devoir apprendre, parfois rudement, à respecter l'autre, ses affaires personnelles, ses secrets, son rythme, ses petites habitudes. C'est apprendre, aussi, à se faire respecter.

Il est important que l'enfant se sente bien dans sa chambre. C'est finalement l'essentiel. Jusqu'à ce que l'aîné entre au collège ou démarre son adolescence, les enfants sont souvent heureux d'être dans la même chambre, pourvu que chacun ait son coin à lui (bureau, étagère ou tiroir) inaccessible aux autres (par respect ou par clé). On peut aussi diviser la chambre par une cloison symbolique (étagère, store coulissant) ou en installant une mezzanine.

Mais **pourquoi séparer des enfants qui préfèrent rester ensemble** dans la chaleur, même conflictuelle, de la fraternité ? Avant onze ou douze ans, ils ne sont pas demandeurs de solitude, mais de vitalité.

Vous avez autant de chambres que d'enfants ? Transformez-en une en salle de jeux...

Le bébé dérange-t-il l'aîné ?

L'inquiétude d'une maman : ***« Notre petite Diane a maintenant quatre mois. Elle fait ses nuits la plupart du temps, mais il lui arrive encore de se réveiller au cours de la nuit, ou bien très tôt le matin. Jusqu'ici elle dormait avec nous. Nous hésitons à la faire dormir dans la chambre de sa sœur de trois ans, Estelle, de crainte qu'elle ne la réveille par ses cris. »***

Si Diane commence à bien dormir et si vous vous sentez en confiance, vous pouvez tout à fait l'installer dans la chambre d'enfants. Il se peut qu'Estelle soit dérangée dans son sommeil pendant quelques jours, mais très vite elle s'habituera à entendre le bébé et ne se réveillera plus. C'est en tous cas ce qui se passe pour la plupart des aînés. Bien souvent, ces derniers préfèrent avoir le bébé avec eux, même si cela suppose d'entendre ses pleurs, plutôt que de le savoir dans la chambre de ses parents, ce qui est considéré comme un énorme privilège. Quand les enfants se sentent à égalité, la jalousie s'atténue. Estelle ne sera pas toute seule dans la chambre, elle sera avec sa sœur, ce qu'elle peut aussi apprécier.

chapitre 3

Les conditions d'un bon sommeil

16 Faites *le plein d'échanges et de jeux*

Ce que l'enfant n'a pas eu le jour,
il voudra le récupérer la nuit...

Pour s'endormir tranquillement, il faut avoir eu le temps de réaliser tout ce qui est indispensable à un petit enfant : voir ses parents, échanger avec eux, jouer et ne rien faire.

Un temps pour se retrouver et échanger

La vie de beaucoup de jeunes parents n'est pas facile. Ils enchaînent activités et contraintes à un rythme soutenu. Travail, trajets, enfants et tâches ménagères ne leur laissent pas beaucoup de temps libre ou de loisirs. Les mères, comme les pères, ont souvent une vie professionnelle qui les retient de longues heures loin de la maison. Les obligations de travail des parents ne tiennent pas compte des horaires de la crèche ou du centre de loisirs, pas plus que de l'heure où il serait bon que leur enfant s'endorme, parce qu'il a eu aussi une longue journée et qu'il est épuisé. Mais comment accepter de se coucher alors que papa ou maman ne sont pas rentrés, que, parfois, on ne les a pas vus de la journée ?

Dans certaines familles, il suffirait de réfléchir à l'organisation de chacun et d'accepter de la modifier pour que les choses s'améliorent et que le sommeil de l'enfant s'en ressente.

Un moment de disponibilité pour son enfant, de jeu, de bavardage, de lecture, c'est souvent autant de gagné sur le temps qu'il faudra consacrer, dans le cas contraire, à le mettre au lit.

Un temps pour se détendre et rêver

L'enfant a besoin de voir ses parents, de faire le plein de leur présence, avant de pouvoir s'en séparer. Mais il a aussi besoin de pouvoir se détendre, ne rien faire, rêvasser. Aux horaires de travail de certains parents répond le planning impressionnant de certains enfants. Rentrer de l'école ou de la crèche à dix-huit ou dix-neuf heures ne laisse pas beaucoup de temps pour se détendre, retrouver ses petites affaires, profiter avec ses jouets ou traîner dans le bain. Avant de s'endormir en paix, il est précieux d'avoir pu se détendre. Tous les adultes le savent. C'est une nécessité pour l'enfant également. Dans ce laps de temps vide d'activités qui lui est accordé, il reprend pied, retrouve ses bases de sécurité, ses parents et ses jouets. Un « sas » de tranquillité, chez lui, au milieu de ses affaires, est indispensable à l'enfant qui a passé la journée hors de chez lui.

Inutile de vous culpabiliser : chacun fait ce qu'il peut. Les parents d'aujourd'hui ont souvent peu de marge de manœuvre. Il s'agit seulement de mieux comprendre les besoins des enfants, dès lors qu'ils sont incapables de les exprimer. Même si prendre en compte les besoins de chacun tient parfois du casse-tête, on peut toujours essayer.

Mais une « heure du lit » à ne pas négliger

Pablo a 3 ans. Son papa part tôt le matin. Pour laisser Pablo dormir au maximum, son papa ne fait pas de bruit lorsqu'il fait son café ou prend sa douche, et part sur la pointe des pieds. C'est sa maman qui lève Pablo. Institutrice, elle a les mêmes horaires que lui. Elle le dépose à la maternelle juste avant de rejoindre sa propre classe. Le soir, elle récupère Pablo à quatre heures et demie. Pablo joue, prend son bain, puis dîne à sept heures. Après le dîner, il bâille et se frotte les yeux. C'est le moment pour lui de se mettre au lit et de s'endormir facilement. Mais le rituel de la mise au lit dure longtemps. Pablo fait traîner, demande une histoire, une autre, luttant manifestement contre le sommeil. Jusqu'à ce qu'il entende la clé de papa tourner dans la serrure. Alors il se lève d'un bond, court dans le couloir et saute dans les bras de son père. Ravis tous les deux de se retrouver, ils se lancent dans des cabrioles. Pablo est tout à fait réveillé maintenant, même assez excité. Quand papa décide qu'il est temps pour Pablo d'aller dormir et pour ses parents de dîner, Pablo n'est pas d'accord. D'ailleurs, il ne se sent plus du tout fatigué.

Quoi faire ? Admettre que Pablo a du mal à s'endormir sans avoir vu son papa de la journée. Mais reculer l'heure du coucher ne peut que créer d'autres difficultés. Mieux vaudrait sans doute lui faire un câlin le matin dans son lit, rentrer plus tôt un soir ou deux dans la semaine, organiser un rendez-vous entre le père et le fils pour une vraie activité partagée le week-end, etc.

17 Aimez *pour rassurer*

Pour pouvoir se séparer, il faut se sentir aimé et pourvoir garder en soi ce ressenti d'amour.

La mise au lit, c'est d'abord une question de séparation. Mais cette séparation est différente de celle qui intervient le matin, lorsque bébé est déposé à la crèche ou chez son assistante maternelle. **Il s'agit là d'accepter de se séparer de ses parents alors qu'on sait très bien qu'ils sont là**, à portée de voix, à portée de pieds. Ils sont là, occupés par les frères et sœurs, par la télévision, par eux-mêmes…

Se construire une identité

Comment un petit bonhomme de quelques mois pourrait-il alors comprendre qu'on ne soit pas auprès de lui ? Le petit enfant est égocentrique. Il se pense volontiers le centre du monde, unique objet véritable des joies et des humeurs maternelles. D'ailleurs, quand il était tout petit, il suffisait qu'il appelle sa maman pour qu'elle le rejoigne. Elle restait toujours à ses côtés, disponible et souriante. Lui ne demande qu'une chose : que cela continue, passer tout son temps dans les bras ou aux côtés de maman (ou de celui ou celle qui en tient lieu). Comment comprendre qu'elle s'y refuse désormais ? Si elle l'aime tant, si elle est aussi comblée qu'elle le dit par sa venue au monde, s'il est vraiment « son petit trésor », « son petit amour », pourquoi donc le laisse-t-elle seul dans son lit, pour aller s'occuper d'autres choses ?

Dans les premières semaines, les premiers mois, la maman est toute disponible à son petit. Puis elle recommence à vivre pour elle. Elle devient plus autonome et elle lui fait confiance pour en faire autant. Ce temps de nécessaire frustration est délicat pour le bébé. Amené progressivement, avec tout l'amour indispensable, c'est ce qui va lui permettre de sortir de sa bulle et de s'ouvrir au monde.

Il faut du temps au bébé pour se construire en tant qu'individu différent de sa mère. Le même temps qu'il lui faut pour accepter l'image de sa mère comme celle d'une personne unique et différente, disponible pour lui, mais qui a aussi d'autres centres d'amour et d'intérêt. Comme si bébé se disait : « Si maman m'aime, si elle et son amour durent, si je peux lui faire confiance sur ce point, alors je peux supporter de me séparer d'elle quelque temps : nous nous retrouverons. »

Se sentir aimé

Pour se séparer, il faut se sentir aimé, et pouvoir garder cette sensation d'amour en soi pendant toute la durée de la séparation. Les psychologues parlent de l'image de la « bonne mère », celle qui câline et console, que l'enfant aurait intériorisée : « Si maman est au-dedans de moi, dans mon cœur, j'ai moins besoin qu'elle soit sans cesse auprès de moi. »

Qu'est-ce qui fait qu'un enfant se sent aimé ? Question délicate. Il nous semble évident, en tant que parents, que nous aimons nos enfants, au-delà de tout, et qu'ils doivent bien s'en rendre compte. Sans aucun doute. Mais entre l'amour que nous ressentons et celui que l'enfant reçoit/perçoit, il peut y avoir une différence. Un enfant gâté, par exemple, couvert de cadeaux, ne se sent pas forcément aimé, alors que ces dons sont pour ses parents des messages d'amour.

On peut repérer trois critères auxquels l'enfant est particulièrement sensible.

- Dans les premières semaines de sa vie, l'enfant est sensible au fait que l'on comprenne ses besoins et qu'on les satisfasse. Bien sûr il n'y a pas de parents parfaits, et **il est fréquent que l'on ne puisse pas interpréter la raison des pleurs d'un bébé ni même le soulager**. Mais on peut être là, compréhensifs et de bonne volonté. Dans les mois et les années qui suivent, même si l'exigence est moindre, ce besoin d'être entendu et compris reste important.

Tous les besoins de base doivent être respectés. Il n'est pas question de satisfaire tous les désirs de l'enfant mais d'être à leur écoute.

- Pour se sentir aimé, l'enfant a besoin d'attention. Pour lui, attention et amour sont presque synonymes, plus que tendresse et amour. La tendresse est indispensable et la plupart des petits adorent les câlins. Mais certains sont très actifs et ne cherchent pas à passer trop de temps dans les bras (au grand désarroi des mamans...). Alors que tous, systématiquement, ont besoin de l'attention et du soutien actif de leurs parents.
- Les enfants mettent la barre très haut. **L'amour qu'ils reçoivent, ils n'y croient vraiment que s'ils le sentent inconditionnel.** Cela signifie être aimé sans conditions, juste parce que je suis celui ou celle que je suis. Non pas aimé parce que je suis plus en avance que les copains et que j'ai été propre à dix-huit mois. Pas aimé parce que je suis gentil et que je fais ce qu'on me dit de faire. Pas aimé parce que je fais des sourires et des bisous. Mais aimé bien que je refuse la soupe et que je balance l'assiette par terre. Aimé même si je donne un coup de pied à ma sœur. Aimé même s'il faut m'appeler cent fois avant que je vienne mettre mon pyjama...

18 Donnez-lui *un sentiment de sécurité intérieure*

Pour pouvoir rester seul dans son lit le soir, il faut s'y sentir en sécurité.

Le sentiment de sécurité intérieure, la sécurité de base propre à chacun, est fondamental. C'est à la fois ce qui permet de supporter la solitude, pour jouer comme pour dormir, et ce qui donne confiance en soi. Avec une bonne confiance en lui, l'enfant sait qu'il est capable de faire face aux difficultés qu'il rencontrera, par exemple pour faire fuir les monstres qui jaillissent parfois au plus sombre de la nuit.

Beaucoup de facteurs entrent en jeu dans la constitution de cette sécurité intérieure. En voici deux qui sont très importants.

Instaurer des règles et poser des limites

L'enfant, pour se sentir en sécurité, a besoin que ses parents instaurent progressivement des règles. Même si, superficiellement, ces règles sont désagréables et frustrantes, elles sont profondément rassurantes. Un petit enfant se rêve tout-puissant, il aime jouer au chef. Mais il sait bien, au fond de lui, qu'il est tout petit dans un monde de grands. Il sait qu'il ne peut décider véritablement de rien puisqu'il ne connaît rien. Ses « je sais » ne sont que d'apparence. Il sent bien qu'il a besoin d'être guidé, qu'on lui dise ce qui est bien et ce qui mal, et que ses parents sont là pour ça.

Les règles ont aussi pour finalité de définir des limites à ne pas dépasser. C'est ce qui permet à l'enfant de ne pas mettre ses exigences en termes d'absolu. Aux parents de limiter ses désirs, ses demandes et ses débordements. Ils sont garants de l'équilibre de sa vie. Eux ont de l'expérience : ils savent que deux tours de manège, trois bonbons et quatre rappels à l'ordre, c'est suffisant. Après, on dit « stop ».

Les parents qui ont de l'autorité et savent frustrer à bon escient sont beaucoup plus rassurants que ceux qui disent « oui » trop souvent, par conviction ou par lassitude. Cette « fermeté affectueuse » évite à l'enfant de sans cesse chercher les limites, se rendant infernal aux yeux de tous.

Les crises d'opposition de l'enfant ne surviennent pas à n'importe quel moment ni dans n'importe quel contexte. Elles sont d'autant plus fréquentes qu'elles se situent dans une ambiance tendue et stressée.

Permettre à l'enfant de se sentir en confiance

C'est le jour que l'enfant construit cette fameuse sécurité intérieure dont il aura besoin pour se séparer de ses parents et se retrouver seul le soir. Elle se construit au fil des jours, grâce à une attitude fiable des parents. Cela passe par de multiples situations. Par exemple celle qui consiste à dire à l'enfant ce qui est important pour lui. Celle aussi de tenir sa parole. Une promesse doit être tenue. S'il y a eu un contretemps, il faut s'en excuser.

Mais cela passe essentiellement par la manière de gérer les situations de séparation. On ne quitte pas un enfant sans le prévenir et lui dire au revoir. Partir lorsqu'il a le dos tourné est souvent bien intentionné : il s'agit d'éviter des pleurs ou un agrippement. Mais, sur le plan psychologique, c'est catastrophique. Si l'enfant a compris que ses parents pouvaient disparaître sans qu'il le sache, dès qu'il cesse de les regarder, alors il va se coller à eux et ne plus supporter d'être ne serait-ce que dans une autre pièce.

Chaque séparation doit être annoncée et assortie d'une promesse de retour : « Je m'en vais, je te laisse maintenant, je passe te reprendre à six heures, après mon travail. Passe une bonne journée, à ce soir. » Faites votre possible pour être là à six heures. Que l'enfant manifeste parfois du désagrément lors de la séparation est simplement normal, mais son sentiment de sécurité intérieure n'est pas atteint. **Un parent qui se sépare tranquillement de son enfant, dans la certitude qu'il ne va rien lui arriver de mauvais et dans la confiance de le retrouver, l'aide énormément à développer le même état d'esprit de son côté.**

19 Parlez-lui *d'un monde stable et bon*

Nos enfants aiment sentir que le monde est bon, qu'ils y ont leur place et qu'être leur père ou leur mère est pour nous une grande joie.

Il arrive que l'anxiété de l'enfant reflète simplement celle de l'un ou l'autre de ses parents. Mais il arrive aussi qu'il ait du mal à se sentir en sécurité pour des raisons plus simples. Quelle image, nous, parents ou adultes, donnons-nous aux petits enfants du monde dans lequel ils vivent ?

Quand les parents rentrent épuisés de leur travail, les petits ne comprennent pas : pourquoi y vont-ils alors, plutôt que de rester au chaud avec eux ? Nous ne permettons pas à nos enfants de se sentir en sécurité quand ils nous entendent, à longueur de temps, nous plaindre de la chaleur, de la pluie, de la fatigue, de la politique, des problèmes d'argent, du manque de temps, des enfants qui ne font pas ce qu'on leur demande, etc. Ce qui leur fait du bien, c'est de sentir que nous sommes heureux de vivre, et contents de ce monde-là. Même s'il a bien quelques défauts que nous nous efforçons d'améliorer, c'est ce monde qui nous offre les fleurs, les couchers de soleil, les repas en famille, nos merveilleux enfants et les petites joies du quotidien.

Jouir de sa vie tranquille

Les enfants ne se sentent pas en sécurité s'ils voient à la télévision un monde de conflits, d'accidents et de guerre. Mais ce qui agit le plus sur eux, c'est ce qui survient dans leur petit monde personnel. L'irritation de papa, la fatigue de maman, les conflits entre eux deux. Dans le monde de l'enfant, il y a ses parents, il y a la maison, plus éventuellement le frère, la sœur, le chien et le canari. Tout cela forme un univers chaleureux, personnel et protecteur. Lorsque chacun est à sa place et tout le monde s'entend bien, ça va. Si l'un est absent durablement, s'il y a un souci ou une inquiétude qui habite l'un des parents, s'ils se disputent, le monde se fissure et laisse place à l'inquiétude.

Je ne prétends pas que seuls les couples parfaitement harmonieux ont des enfants qui dorment bien. J'attire l'attention sur le fait que **l'enfant est très sensible à l'ambiance qui l'entoure**. Il fonctionne comme une « éponge émotionnelle ». Le savoir, c'est peut-être régler ses conflits conjugaux à distance des enfants, ou bien les rassurer sur la permanence du lien. C'est aussi être mieux préparé à se mettre à l'écoute de son petit et à comprendre ce qui peut perturber son sommeil.

Limiter l'urgence et le stress

Sentiment de sécurité, de bien-être et de détente vont ensemble.

Ramener une ambiance plus détendue et moins conflictuelle à la maison passe souvent par une modification importante de l'ambiance générale du foyer. Chaque adulte s'énervera d'autant plus qu'il sera contraint et pressé. Chaque enfant s'opposera d'autant plus à sa mise au lit qu'il sentira son parent dans cet état. Une de vos tâches consiste donc à éliminer, autant que faire se peut, « l'état d'urgence » de votre foyer.

Les petits ont leurs propres soucis qui les tiennent éveillés. Pourtant il semble évident que leur stress est souvent une conséquence directe du stress et du sentiment d'urgence permanent des parents et de la société qui les entoure.

Les manifestations du stress chez l'enfant sont multiples : troubles du sommeil ou de l'appétit, anxiété, tics nerveux, difficulté de concentration, etc. Mais le symptôme principal, chez les plus jeunes, est un état d'excitabilité très propice à la survenue d'une crise d'opposition ou d'une colère... et très peu favorable à la survenue du sommeil !

Se sentir bien grâce aux rituels et aux routines

Les rituels et les routines sont essentiels dans la vie de l'enfant. C'est ce qui va lui permettre de donner du sens à ce qui l'entoure. Le monde va devenir prédictible, compréhensible, rassurant.

Pour vous, adultes, il y a de grandes chances pour que le mot « routine » rime avec « ennui », « lassitude » et « manque d'imagination ». Qui souhaiterait que ses journées se déroulent de manière immuable, parfaitement prévisible et sans l'ombre d'une nouveauté ? Lire toujours le même livre. Manger tous les jours la même purée. Aucun adulte ne souhaiterait cela. Un jeune enfant, si. Étonnant, mais réel. Ce goût des habitudes qu'ont les enfants est la fois une bonne chose pour eux et une aide pour leurs parents. Alors pourquoi s'en priver ? **L'enfant est profondément sécurisé par la routine.**

Les jeunes enfants se sentent tout petits dans un monde qu'ils ne comprennent pas et sur lequel ils n'ont aucun pouvoir. La routine donne des repères. Pouvoir prédire l'étape suivante donne au bébé l'impression d'avoir un pouvoir sur ce qui l'environne.

La routine, c'est-à-dire le fait que les événements se suivent dans l'ordre prévu, rassure l'enfant. Ce dernier se structure ainsi psychologiquement et gagne en autonomie affective. Ce qui lui permet de mieux dormir. Et de mieux accepter les surprises que la vie et ses parents lui réservent !

20 Favorisez *l'autonomie*

L'autonomie de l'enfant comprend la capacité à se débrouiller seul sur le plan psychologique : par exemple pouvoir jouer seul, rester un moment tranquille dans sa chambre ou s'endormir le soir en paix dans son propre lit.

La nuit, pour dormir d'un bon sommeil, il faut être capable de se débrouiller par soi-même, au moins en partie. Pour cela, le bébé doit avoir acquis quelques compétences qui le rendent autonome. Il est important de passer le relais à son enfant afin qu'il sache prendre soin de lui-même : c'est-à-dire cesser progressivement de le « materner » pour lui appendre à « se materner ». Cela permet à l'enfant de se situer comme individu indépendant et compétent dans la famille et dans la société.

L'autonomie est une partie essentielle de l'éducation, souvent mal comprise. Les parents n'imaginent pas tout ce que leur enfant est capable d'accomplir par lui-même. Ils continuent à « faire à sa place », laissant passer le moment où l'enfant aurait appris facilement. Sans doute y a-t-il un vrai plaisir à s'occuper de son tout-petit, à être dans le corps à corps, à sentir qu'on lui est aussi indispensable qu'aux premiers jours... On l'est toujours, bien sûr, mais d'une manière différente, qui doit l'aider à grandir.

Un potentiel d'autonomie

Chaque enfant possède un grand potentiel, supérieur à ce que nous imaginons. Les compétences qu'il peut acquérir ne sont pas liées à un âge précis : chaque enfant a son propre rythme de développement. **L'essentiel est de regarder l'enfant sous l'éclairage de ce qu'il est capable de faire, et non sous l'angle de ce qu'il ne sait pas encore faire.** Si les parents répondent à chaque appel de leur enfant, de jour comme de nuit, ils le confirment implicitement dans l'idée qu'il est trop petit pour se débrouiller et qu'il ne peut pas se passer d'eux.

Plusieurs études ont mis en évidence que les mères interviennent plus vite que les pères lorsque l'enfant appelle. Si ce dernier est en difficulté, avec un jouet par exemple, les mères se déplacent, alors que les pères encouragent de la voix. Ainsi les pères enjoignent l'enfant à se débrouiller par lui-même, alors que les mères ont tendance à penser que « ce sera mieux fait si elles s'en occupent ». C'est vrai, par exemple, lorsqu'il s'agit d'apprendre à l'enfant à manger seul ou à dormir seul. Pourtant un comportement de type paternel est essentiel : il pousse l'enfant vers l'autonomie et lui donne confiance en lui. « Si papa dit que je peux le faire, alors je vais le faire ! » Sans cette injonction à aller de l'avant, certains petits resteraient au chaud et protégés « sous l'aile de maman » bien plus longtemps que nécessaire, aux dépends de leur développement.

Des compétences à développer

Pour bien dormir, sans appeler l'adulte à la rescousse, il faut donc, par ordre chronologique :

- être capable de s'endormir et de se rendormir seul ;
- être capable de retrouver son doudou si on l'a égaré ;
- être capable de jouer un peu seul dans sa chambre si on n'a pas ou plus sommeil ;
- être capable d'aller faire pipi tout seul, même au milieu de la nuit.

Ces compétences, tous les enfants peuvent les développer. Encore faut-il :

- qu'on les en croit capable et qu'on leur fasse confiance ;
- qu'on leur apprenne comment s'y prendre ;
- qu'on leur facilite la vie (par une veilleuse ou une lampe à portée de main, au minimum).

Rendre son enfant autonome, en lien avec son âge et ses capacités, ce n'est pas l'abandonner à son sort, **c'est l'aider à bâtir une bonne estime de lui-même et une vraie confiance en lui.**

Une attitude de confiance

Faire confiance à son enfant, cela passe par le fait d'accepter de voir qu'il grandit et qu'il est capable de faire des choses par lui-même. Non plus faire systématiquement pour lui, parce que cela va plus vite et que c'est mieux fait, mais lui apprendre à faire ce qui est dans ses capacités.

Dans la journée, on peut confier à son enfant des petites responsabilités en accord avec son âge. Lui apprendre à se laver seul. Le laisser se servir à table. C'est important de lui parler également comme à un être humain digne de respect et d'amitié.

Le soir, lui faire confiance, c'est le croire capable de se débrouiller tout seul pour traquer les monstres ou s'occuper en attendant de trouver le sommeil. Le rendre autonome, c'est aussi lui confier une petite lampe et ôter les barreaux du lit.

Nos enfants ont besoin de nous. Mais ils ont aussi besoin que nous les sachions capables de se passer de nous lorsque c'est possible ou nécessaire.

Dans cette période de transition un peu délicate où les parents vont demander à leur enfant de changer ses mauvaises habitudes de sommeil, il va avoir besoin de tout leur soutien. Ils vont faire tout ce qui est en leur pouvoir pour renforcer son estime de lui-même, à travers de multiples activités. Tous les échanges positifs et valorisants entre les parents et l'enfant sont les bienvenus.

21 Transmettez *une bonne image du sommeil et du lit*

« Quand vous parlez d'aller dormir à notre fille de trois ans, que ce soit le soir ou pour la sieste, elle part en courant. Pour elle, dormir, c'est du temps perdu, c'est pour les malades et les bébés, c'est une contrainte insupportable, une obligation parfaitement inutile… » Un papa.

Comment l'enfant apprécierait-il d'aller se coucher puisque ses parents l'arrêtent dans ses activités favorites au nom de la nécessité de dormir ? Alors qu'il ne voit jamais personne d'autre dormir à la maison, et certainement pas les grands, qui se couchent plus tard et se lèvent plus tôt que lui ? Alors que son lit est un lieu d'où il lui sera impossible de sortir librement, du moins tant qu'il dort dans un lit à barreaux ?

Quand dormir cesse d'être un plaisir

L'attitude de l'enfant vis à vis du sommeil a bien changé depuis les premières semaines de sa vie, où, bébé, il s'endormait béat et sourire aux lèvres, repu et calme. Que s'est-il passé, en quelques mois, quelques années, pour que le sommeil soit devenu l'objet d'un refus et d'une lutte sans merci ?

Qui n'a pas vu un enfant, visiblement épuisé après une longue journée active, lutter contre le sommeil en s'énervant, courant partout, ou pleurant, n'imagine pas à quel point l'idée d'aller au lit peut déplaire aux petits.

Pour l'enfant, « aller se coucher » signifie arrêter le jeu ou le dessin animé, quitter ceux que l'on aime (qui eux ne se couchent pas) et se retrouver seul, dans le noir, bloqué dans son lit à un moment où il ne se sent pas forcément fatigué.

Souvent les parents sont, eux, fatigués par leur petit qui court partout en criant et en faisant le fou ou simplement de l'avoir encore dans les jambes à une heure où ils aimeraient bien se détendre. Besoin de repos tout à fait légitime, mais gravement compromis si l'enfant le ressent comme une manière de se débarrasser de lui. **Aimer son lit et aimer dormir ne règle pas tous les problèmes, mais supprime une bonne part de l'opposition quotidienne.**

Comment donner à l'enfant une bonne image de son lit ?

Aller au lit le soir pour dormir est plus facile si le lit est « un lieu ami ». Pour cela, il faut un lit confortable, sympathique, accueillant et accessible.

Dans la journée, les moments sont fréquents où votre enfant a une baisse de régime. Il se sent un peu fatigué, ou bien il a besoin d'être tranquille. Il cherche un coin tendre pour rêver en paix. Le lit peut être ce lieu où il se réfugie librement lorsqu'il en ressent le besoin, et dont il sort librement lorsqu'il choisit de repartir vers de nouvelles aventures. Un lieu où il fait bon aller reprendre des forces. Un lit pas trop bordé, que votre petit peut chahuter, où ses doudous l'attendent en sécurité.

Ce lit-là est un lieu sympathique, où on ne dort pas forcément, mais où on se sent bien. On peut y emmener un jouet ou deux. Un lit « vivant » dans une chambre pas trop impeccablement rangée. Un espace intime et personnel dans une chambre elle-même protectrice.

Si le lit de l'enfant acquiert ce rôle de protection, de cocon, d'endroit où il fait bon se retrouver, il n'y a pas de doute qu'il le gardera le soir lorsqu'il s'agira d'y dormir. Le lit d'un enfant est à lui, il peut le gérer comme il l'entend. **Le lit n'est pas un lieu de punition, de contrainte, où l'on enferme l'enfant qui nous fatigue**. Sûr que dans ce cas l'enfant a de quoi le détester !

Comment donner à l'enfant une bonne image du sommeil ?

Des parents qui ont un bon rapport avec le sommeil et qui aiment dormir seront forcément plus à même de convaincre leur enfant de la joie qu'il y a à se glisser entre des draps frais quand on est bien fatigué. Si pour eux la traversée de la nuit est un voyage merveilleux qui ouvre chaque soir sur de nouvelles aventures, ils sauront plus facilement attirer l'adhésion de leur enfant.

Les parents sont un exemple pour l'enfant.

Des phrases prononcées d'un air convaincu comme : « J'ai fait beaucoup de choses aujourd'hui, je suis fatigué, je vais aller dormir pour être encore en forme demain », « Chic, je vais pouvoir aller me coucher de bonne heure », « Je me sens bien, j'ai bien dormi », « Cette nuit, j'ai fait un rêve formidable »... donnent une bonne image du sommeil. L'enfant comprend qu'aller au lit et dormir est un moment de bonheur.

Les parents peuvent aussi agir dans deux directions :

- Montrer que le sommeil est une obligation biologique. Les grandes personnes dorment, mais aussi le chat (avec un réel bonheur apparent !), le chien, les oiseaux, les fleurs qui se referment le soir, etc. Tout le monde a besoin de ce temps de repos et de repli sur soi. Dormir n'est donc pas la punition des petits. Les parents peuvent, à l'occasion de vacances ou de week-end, montrer à l'enfant le plaisir qu'ils prennent à faire une sieste après le déjeuner.
- Expliquer à l'enfant le rôle du sommeil. Pendant qu'on dort, le cerveau et le corps sont actifs, même si on ne se rend compte de rien. De l'hormone de croissance est secrétée et se répand dans le sang. Les expériences et les apprentissages de la journée sont organisés et mémorisés. Si bien que, dormir, c'est se donner les moyens de grandir, en taille et en intelligence.

22 Permettez *de bonnes siestes*

Élevés dans une société qui considère la sieste des adultes comme une perte de temps et qui l'a remplacée par un café serré, nous avons, à tort, peu de considération pour la sieste de nos enfants.

Trop de parents sont convaincus que raccourcir les siestes de l'après-midi fatiguera l'enfant (ce qui est vrai) et lui permettra ainsi de mieux s'endormir le soir (ce qui est faux).

Des processus indépendants

Les rythmes du sommeil de nuit et du sommeil de jour sont relativement indépendants. L'envie de dormir après la pause du déjeuner est d'ordre biologique et chacun la ressent. Bien sûr, cela dépend en partie du rythme de vie, des occupations, du temps de sommeil et de l'heure de réveil. Mais il est rare, si l'on est à l'écoute de son corps, que l'on ne perçoive pas un moment, lié aux variations de la température interne, où l'on se sent inconfortable, un peu confus, moins concentré... Ce serait le moment idéal pour une petite sieste !

Ce processus, chez l'enfant, est encore plus important. L'enfant perçoit dans son cerveau des messages différents. L'un lui signifie qu'il est fatigué et qu'il serait temps de faire un somme. L'autre lui indique qu'il fait jour et que tout le monde est en activité. Ce n'est donc pas le moment de se coucher. Confus, l'enfant risque de protester ou de crier, ce que les parents peuvent interpréter comme une absence de fatigue.

Pourtant, **le sommeil de jour, indépendant du sommeil de nuit, a une fonction particulière** : mise au repos du cerveau, possibilité d'un meilleur niveau d'éveil, apaisement émotionnel, favorisation des apprentissages, etc.

Les siestes de jour ont donc leur importance. Elles joueront d'autant mieux leur rôle qu'elles seront régulières et surviendront au bon moment.

La sieste préserve l'équilibre

Priver votre enfant d'une sieste de temps en temps, ou la décaler, ne lui fera pas de mal. Mais si cela se répète trop souvent, attendez-vous, paradoxalement, à ce que son heure de coucher se recule également. L'enfant, trop fatigué, habitué à lutter contre la fatigue, n'arrive plus à « lâcher prise » lorsque le moment est venu de se mettre au lit.

Le coucher plus tôt lors du temps de sommeil suivant et tenter ainsi de « rattraper » la sieste manquée ne fera que décaler l'enfant qui aura trouvé un équilibre et une régularité dans ses heures de repos.

Des heures de sieste régulières sont importantes à préserver.

Le jeune enfant qui fait de trop petites siestes ne bénéficie pas de moments d'éveil calme de qualité. Le plus grand, qui ne fait déjà plus la sieste alors qu'il en aurait encore besoin, risque de présenter des « troubles du comportement » : en gros il sera de plus en plus énervé et infernal au fil de la journée, ayant aussi du mal à aller se coucher le soir.

Des dormeurs inégaux

Les enfants ne sont pas égaux devant la sieste, pas plus que devant le sommeil de nuit. Jusque vers deux ans, certains font de petites siestes, d'autres de plus grandes. Leurs besoins sont différents, puis se régularisent progressivement.

Autant les parents peuvent réveiller leur enfant en raccourcissant une longue sieste (ce qu'ils ne devraient pas faire, sauf exception), autant ils sont impuissants à prolonger une sieste courte.

Sommeil et éveil ne sont pas symétriques. On peut se motiver et se forcer à rester éveillé, alerte, mais il est impossible de conduire qui que ce soit à s'endormir profondément...

Le rôle des parents est de créer les conditions pour que leur enfant dorme le plus possible : cette quantité correspond à son besoin individuel de sommeil.

23 Accompagnez ***votre enfant au lit***

« Je me baisse et lui parle tout doucement à l'oreille. Je lui rappelle les menus événements de la journée, le plaisir qu'on a eu à se promener au parc. Je lui parle de sa grand-mère, qui se réjouit de la voir bientôt. Je lui dis mon plaisir de la retrouver demain matin. Je ne sais pas ce qu'elle comprend, mais elle me laisse sortir de la chambre tranquillement. » Une maman.

Il va s'écouler pas mal d'années avant que votre enfant se contente de donner un baiser, quand ce n'est pas un « bonne nuit » à la ronde, et gagne seul sa chambre... D'ici là, il va falloir l'accompagner au lit, afin d'adoucir la transition entre la compagnie et la solitude, entre la veille et le sommeil.

Les difficultés de mise au lit se conjuguent souvent à une part d'anxiété de séparation. L'enfant qui se retrouve seul dans son lit n'a plus la certitude que vous êtes toujours là, à proximité, disponible s'il en avait besoin. Il va donc falloir l'accompagner pour le rassurer.

Un petit rituel : pipi, les dents, au lit !

Ce qui va le plus aider votre enfant, c'est que vous vous livriez avec lui à un petit rituel, plus ou moins semblable chaque soir, qui va jouer un rôle important. On l'accompagne au lit de la manière la plus agréable et la plus douce possible, avec quelques activités indispensables comme le lavage des dents, et d'autres plus appréciées comme la petite histoire. Nous y reviendrons en détail.

Les petits aiment les habitudes. Une fois un ordre établi pour la mise au lit, le déroulement et l'heure fixés, il n'est plus nécessaire d'y revenir. C'est l'enfant lui-même qui enchaînera les étapes. Lavage des dents, lecture de l'histoire, gros câlin, extinction des feux... À vous de trouver ce qui convient, en fonction du rythme de la maison. Puis gardez le schéma général, sauf raison exceptionnelle (visite de mamie, soirée spéciale, etc.). Le rituel évoluera en fonction de l'âge et des intérêts de l'enfant.

Ramener progressivement le calme

Mettre en route le rituel suppose que l'enfant a déjà accepté l'idée d'aller se coucher, ce qui n'est pas toujours le cas. Inutile d'essayer d'endormir un enfant excité comme une puce. Non seulement il aurait du mal à s'endormir, mais il risquerait de se réveiller la nuit. Vous avez sûrement remarqué qu'un petit enfant est le plus souvent incapable de se calmer seul. C'est pourquoi le temps qui précède la mise au lit doit être réservé à une activité de détente. Après le dîner, petit jeu calme, échange en famille, lecture d'histoire, par exemple. Certains petits apprécient qu'on leur masse le dos, ce qui est une merveilleuse manière de les détendre.

Ferme ou tolérant ?

Tout l'équilibre à trouver est là. La fermeté tendre est l'idéal. Elle est la manière d'agir des parents qui sont intimement convaincus que leur enfant a besoin de sommeil, qu'il est l'heure et qu'il ne lui arrivera rien d'inquiétant pendant la nuit. Ces parents-là parviennent à en convaincre leur enfant qui s'endort en confiance. Confiance en eux, en lui, en la vie. L'enfant, tant qu'il n'a pas développé une confiance en lui suffisante, a besoin de s'appuyer sur celle de ses parents. Ce sont eux, parce qu'ils savent le laisser et refermer la porte, qui peuvent le rassurer.

L'enfant est aidé :

- quand on lui dit ce qu'on fait quand il dort (rien d'intéressant) ;

- quand on lui dit une phrase « magique » comme : « Papa est là, maman est là, tout va bien, tu peux dormir, on se retrouvera demain » ;
- quand on lui promet de repasser le voir et l'embrasser plus tard dans la soirée.

Un excès de « complaisance », **un coucher qui n'en finit pas... Cela inquiète plus l'enfant que cela ne le rassure.**

chapitre 4

La bonne attitude parentale

24 Sachez *dire « non » pour sécuriser*

Un enfant dont toutes les demandes sont satisfaites augmente progressivement ses exigences, jusqu'aux plus improbables, aux plus « inacceptables ». Son but ? Qu'on l'arrête ! Qu'un adulte lui dise : *« Stop, tu as franchi la limite. Maintenant, c'est non. »*

Votre enfant, à un an, grogne dans un demi-sommeil. Puis crie tout à fait. Vous allez le voir, pas de problème apparent. Vous vous dites qu'il a peut-être faim et qu'en tout état de cause un biberon de lait chaud aura un effet calmant. De fait, bébé se rendort. Il se dit : « Chic, un biberon, alors que je n'ai rien demandé, juste crié un peu, quel bonheur ! Et si demain j'en demandais un autre ? Peut-être même deux... C'est si bon de boire dans les bras de papa au milieu de la nuit... »

Alors la fois d'après, comprenant le « piège », vous dites « non ». Mais comment vous faire entendre de ce petit braillard qui n'écoute rien et semble souffrir le martyre ?

Que se passe-t-il ?

Le mécanisme est simple : vous voulez une chose (dormir toute la nuit), votre enfant en veut une autre (passer une bonne partie de la nuit à jouer avec vous ou à somnoler dans vos bras).

Vous avez des arguments logiques et biologiques auxquels il n'entend rien (« Il faut dormir pour bien grandir, c'est la nuit maintenant. »). Il a des arguments sonores, poignants, irritants et incroyablement efficaces. C'est sa seule manière d'exprimer ses demandes, disons ses exigences...

Votre enfant sait ce qu'il veut et il le fait comprendre avec des cris. Si vous ne les supportez pas, si vous accourez au premier geignement, que pensez-vous qu'il arrivera ?

Si vous ne savez pas faire entendre et respecter un « non » qui a du sens, vos nuits resteront hachées encore longtemps...

Non au « non » élastique !

Un « non » élastique, c'est un « non » qui se transforme en « oui » lorsque l'enfant insiste ou fait pression de cent manières. Votre petit doit comprendre ce que vos mots veulent dire. Beaucoup d'enfants ne prennent pas « non » pour une réponse, tout simplement parce qu'ils ont l'habitude que ce n'en soit pas une. Si vous avez accoutumé votre enfant à ce que votre « non » signifie tantôt « pas maintenant, tout à l'heure » ou « demande-moi encore », tantôt « crie plus fort et on verra »... il n'est pas étonnant que vous ne soyez pas entendu.

Mieux vaut dire :

« OUI... Oui, mais c'est la dernière fois... Non. »

Que :

« NON... Non... Bon d'accord, mais juste pour cette fois, oui... »

Vous avez réfléchi, vous avez dit « non », vous avez donné brièvement la raison de votre refus. Cela suffit. Une fois que vous avez dit : « Non, je ne reviendrai pas te donner un troisième verre d'eau dans ton lit », n'y retournez pas. Sinon, que croyez-vous qu'il se passera le jour suivant ?

Joignez le ton à la parole

Sur quel ton dites-vous « non » à votre enfant ? C'est généralement sur votre intonation qu'il va estimer la valeur de votre mot : alors attention à bien lui faire comprendre que vous ne plaisantez pas.

« Non » doit être dit d'une **voix ferme et claire, mais sans crier**. Montrez par votre ton, votre gestuelle, votre regard, que vous ne plaisantez pas et que vous n'avez pas l'intention de changer d'avis.

Un parent qui sait ce qu'il veut est très apaisant pour l'enfant, même si ce refus génère une frustration temporaire de surface.

25 Contrôlez *vos émotions*

Le jeune enfant capture tout ce qui l'entoure avec une grande sensibilité, comme le ferait une caméra vidéo. Il stocke les informations dans son cerveau. Si ce qu'il voit lui paraît particulièrement intéressant, il essaiera de le reproduire.

L'enfant naît sans aucun contrôle possible sur ses émotions et leurs manifestations. Sa seule manière de dire sa contrariété, pendant longtemps, se limite aux cris. Si vous aussi vous criez, parce que vous n'en pouvez plus, il n'apprend pas à contrôler ses émotions et les nuits familiales deviennent vite un enfer.

Soyez modèle

Les Anglo-Saxons nomment « modeling » cette manière d'apprendre de nouveaux comportements, aussi ancienne que le monde animal : celui qui ne sait pas observe celui qui sait et reproduit, jusqu'à être capable de faire pareil.

Cet apprentissage ne fait pas de bruit mais il est puissant.

Pour cela, pas besoin d'être parfait. Il suffit de se rappeler que les parents sont les premiers modèles de l'enfant, leur première image d'autorité, les plus aimés, les plus admirés. Leur influence est donc déterminante.

Comment voulez-vous apprendre à votre enfant à parler doucement la nuit si vous-même vous laissez aller à crier après lui ? Ce sont les enfants qui prennent modèle sur les adultes et non le contraire. Si la colère de votre enfant vous met en colère, vous mettez le monde à l'envers. **Si vous voulez qu'il cesse de crier, ne criez pas.**

Gardez votre calme

Les parents ont trop de travail, trop de choses à faire et trop peu de temps pour le faire. Ce qui les met dans un état de tension quasi permanent. Or ce sont souvent les enfants qui en subissent les effets, parce qu'ils sont en bout de chaîne, de journée et de fatigue. Mais aussi parce qu'ils sont très doués pour approcher l'allumette du baril de poudre.

Garder son calme est difficile pour tout le monde.

Pour s'améliorer dans ce domaine, et donc moins succomber à la colère, il est important de reconnaître qu'elle n'est pas la « faute » de l'enfant. Il n'en est que le déclencheur. **Chacun est responsable de ses émotions et de la manière dont il les exprime**. Les colères des parents leur appartiennent : à eux de s'en débrouiller. Les enfants ont assez à faire avec les leurs !

Les troubles du sommeil de l'enfant (par exemple celui qui se relève vingt fois au lieu de rester dans son lit) peuvent provoquer la colère du parent contre lui. Mais ils peuvent aussi déclencher des conflits entre les parents. Chacun est si fatigué que la tension qu'on ne peut soulager sur son jeune enfant se déverse sur le conjoint. Il est facile alors de lui reprocher la situation en lui en attribuant la responsabilité...

N'oubliez pas :

- C'est en vous regardant et en prenant modèle sur vous que votre enfant apprendra à dépasser ses propres colères.
- Vous ne pouvez calmer votre enfant et avoir une réelle autorité sur lui qu'en gardant calme, fermeté et gentillesse.
- D'accord, c'est dur. Mais ne vous impatientez pas ! Les choses ne tarderont pas à s'arranger...

Retenez les émotions négatives et les gestes brusques

En réalité, vous n'avez à contrôler que la moitié de vos émotions. Si ce que vous ressentez en regardant vos enfants est de l'amour, de l'admiration, de la fierté, n'hésitez pas à les exprimer encore et encore. Si c'est de l'exaspération ou de la rage, mieux vaut les retenir. Ce n'est pas quand on est envahi par de telles émotions que l'on est à même de faire preuve d'une autorité saine, apaisante et respectueuse.

Une fois que les parents ont crié, argumenté, voire frappé, ils se sont mis au même niveau que leur enfant et ils ont perdu la partie. Alors si vous ne vous sentez pas suffisamment sereins et patients pour intervenir calmement, mieux vaut laisser votre enfant dans son lit, content ou non, avec son doudou et sa boîte à musique, plutôt que de lui transmettre un surcroît de nervosité.

Le bébé secoué

Quand bébé pleure pendant des heures, que l'on est impuissant à le calmer, que les nuits sont courtes et les voisins exaspérés, il peut arriver que l'on perde son calme.

Frapper ou secouer son bébé pour le faire taire **est extrêmement dangereux pour lui**. Les muscles du cou, encore très faibles, ne peuvent retenir les mouvements brusques de la tête et le cerveau du tout-petit, encore fragile, peut heurter la boîte crânienne. Cela risque d'entraîner des lésions des tissus internes, provoquant des troubles neurologiques graves et souvent irréversibles. Ce sont des gestes à bannir absolument.

Si l'on sent que l'on risque de s'énerver après son bébé, mieux vaut s'éloigner le temps de retrouver son calme.

26 Ne confondez pas ***désirs et besoins***

« Comment savoir, si je ne réponds pas aux appels de mon enfant au milieu de la nuit, qu'il ne va pas en être durablement malheureux ? » Une maman.

Les jeunes enfants ont des besoins. Il est impératif de les satisfaire. Heureusement, ils sont peu nombreux. Le problème, c'est que les enfants expriment avec la même énergie ce qu'ils désirent intensément et ce dont ils ont besoin, au point que les parents, parfois, s'y trompent.

Attention à ne pas confondre

Les enfants ont des besoins bien légitimes que tous les parents connaissent. D'abord des **besoins primaires**, qui doivent absolument être satisfaits : besoin de manger et de boire, d'avoir chaud, d'être soigné. Des besoins sociaux : être accueilli, entouré, choyé. Des besoins de sécurité : ne pas craindre d'être abandonné ou rejeté. Des besoins intellectuels : jouer, apprendre, découvrir. Enfin vivre dans un environnement qui permet de se développer et de donner le meilleur de soi-même.

Tout cela doit être fait pour chaque enfant.

Un désir s'exprime, se partage, se discute et fait parfois l'objet d'un compromis. Tout le monde a des désirs. C'est formidable, parce que c'est ce qui nous fait avancer : on se met en route pour les satisfaire. On développe de nouvelles stratégies ou compétences. Vous pouvez donc vous appuyer sur les désirs de votre enfant pour l'aider à aller de l'avant. Mais en aucun cas, ne traitez ses désirs comme des besoins, et ne vous culpabilisez pas de ne pas les satisfaire.

Le principe de plaisir

Le jeune enfant considère son plaisir comme tout-puissant, au point d'exiger la satisfaction immédiate de ses désirs. Non seulement il veut tout (la voiture de pompier, la sucette, les bras...) mais il le veut immédiatement. La frustration apportée par le fait qu'il n'a pas exactement ce qu'il veut ou qu'il l'obtient avec un délai est difficilement supportée.

Votre travail éducatif de parents consiste à frustrer votre enfant progressivement dans certains de ses désirs, dans une mesure qu'il peut supporter, afin de lui apprendre la vie comme elle est. Si vous ne le faites pas, la vie s'en chargera, mais avec beaucoup moins de délicatesse et bien plus de souffrance pour l'enfant.

Satisfaire tous les désirs de son enfant comme si c'étaient des besoins, c'est lui rendre, à terme, un bien mauvais service.

Quelques exemples, pour bien faire la part des choses :

- Faire des câlins est un besoin. Passer quinze heures par jour dans les bras est un désir.
- Manger est un besoin. Avoir un biberon de nuit à six mois est un désir.
- Dormir au chaud est un besoin. Dormir entre papa et maman est un désir.
- Être accompagné au lit est un besoin. Faire revenir maman dix fois est un désir.

Contrariété ou frustration

Un besoin fondamental qui ne serait pas satisfait risque de créer une souffrance chez l'enfant, dont il pourrait avoir du mal, même une fois grand, à se défaire. C'est ce qu'on voit chez les adultes qui ont manqué de soins, d'amour ou de stabilité dans leurs attachements lorsqu'ils étaient enfants.

Un désir n'est pas fait pour être systématiquement satisfait. Il est fait pour être entendu et compris, avec tendresse et empathie. Et s'il n'est pas satisfait, c'est pour une raison claire. L'enfant n'est pas content ? Il le manifeste bruyamment ? Cela n'est pas grave.

Des désirs toujours assouvis, c'est ce qui crée des enfants éternellement insatisfaits, enfants râleurs ou enfants-tyrans, cherchant les limites et ne les trouvant jamais.

27 Respectez *vos limites*

« Après m'avoir fait passer une nuit quasiment blanche, Alexandre m'accueille la matin avec un magnifique sourire et me tend les bras pour un câlin... J'essaie de faire bonne figure, mais je suis tellement épuisée qu'il m'arrive alors de fondre en larmes... » Une maman.

Les troubles du sommeil d'un enfant peuvent avoir un effet destructeur sur le moral des parents et sur l'ambiance de la famille. Prendre soin d'un jeune enfant est stressant en soi : il faut toujours être vigilant, présent, attentif. Quand en plus il dort peu et pleure beaucoup, ses parents peuvent avoir l'impression de ne pas s'en sortir...

Les cris et le manque de sommeil sont un facteur de stress puissant

Des études américaines ont analysé les réactions des adultes aux cris prolongés d'un jeune bébé. Voici les résultats : augmentation de la pression sanguine, accélération du rythme respiratoire, sudation des paumes des mains. Tous ces signes sont également ceux qui témoignent d'un stress important. Cela montre que le cri du bébé est l'un des plus puissants signaux de détresse chez les êtres humains et qu'il est fait pour susciter une réaction immédiate.

Impuissant et coincé un long temps en présence d'un bébé qui crie, l'adulte manifeste des réactions secondaires, d'ordre psychologique, toujours liées au stress.

À ces effets physiologiques, ajoutez le manque de sommeil, vous avez tous les ingrédients de l'irritabilité du caractère et de la fragilité affective.

Une jeune maman qui n'arrive pas à endormir son enfant ne peut s'empêcher de s'interroger sur sa santé. Il est bien difficile de croire qu'il pleure comme cela « pour rien » et qu'il n'y a rien à faire. Peut-être couve-t-il quelque chose qui ne se voit pas encore ? Peut-être faudrait-il retourner le voir ? Parce qu'enfin, pour crier comme cela, il a sûrement mal quelque part ! Si bien que cette maman finit, même si elle ne l'était pas précédemment, par devenir une mère anxieuse et tendue, à l'écoute du moindre signe. Et cette attitude, bien sûr, n'arrange rien. Le bébé partage tout avec sa mère, y compris ses angoisses, qu'il va traduire... par un surcroît de cris.

Il n'y a pas de « faute »

Le bébé a absolument besoin, pour parvenir à bien dormir, que ses parents se montrent calmes et rassurants. Difficile lorsqu'on est épuisé, qu'on se demande ce qu'on a bien pu faire pour avoir un bébé pareil, qu'on pense forcément être une mauvaise mère ou un père incompétent, et qu'on comprend de mieux en mieux les parents qui « dérapent »...

La seule solution consiste à faire ce qu'il faut pour que le problème cesse : c'est-à-dire appliquer les bonnes techniques ou consulter un spécialiste. Puis apprendre à se détendre, à se faire plaisir, à se relaxer, à déléguer, à se faire aider, à respirer tranquillement, etc.

En tant que parents, **il est important de se dire que l'on n'est pas coupable des troubles du sommeil de son enfant** : on en serait plutôt la victime ! Mais qu'il nous appartient de comprendre les mécanismes et de changer ce qui doit l'être.

Le bébé n'est pas coupable non plus : il ne fait rien dans le but prémédité d'embêter ses parents ou de les pousser à bout. Il est juste en proie à l'anxiété ou à de mauvaises habitudes.

Prenez soin de vous

Vous êtes « en charge ». Prendre soin de vous est donc aussi important que de prendre soin de votre enfant. **Admettre que l'on est stressé et que la situation est très difficile, c'est le premier pas pour mieux l'assumer.**

Viennent ensuite l'organisation et les droits que vous vous donnez pour récupérer : faire la sieste chaque fois que possible, vous coucher de bonne heure en coupant le téléphone, faire de l'exercice physique régulièrement, vous nourrir correctement, sortir avec un copain/une copine, prendre des temps de solitude et d'intimité de couple, etc.

28 Débarrassez-vous *de votre culpabilité*

Vous êtes à bout, vous n'en pouvez plus, vous êtes d'accord pour tenter quelque chose de nouveau. Vous sentez qu'il est temps d'intervenir et d'apprendre à bébé à dormir... Mais il y a cette fichue culpabilité...

La culpabilité est un sentiment puissant dont il est difficile de se défaire. Elle est très courante chez les parents qui peinent à régler les troubles du sommeil de leur enfant. Elle peut prendre beaucoup de formes : coupable de laisser son enfant pleurer ; coupable de le laisser venir dans le lit parental, coupable de s'être énervé, coupable de ne pas savoir lui apprendre à dormir... La culpabilité vient du sentiment qu'on a tort de faire ce qu'on fait, mais elle ne dit pas toujours vrai. Les « je devrais » et les « j'aurais dû » sont aussi vains que les intentions non suivies d'effet.

Ce qui se révèle **le plus efficace pour diminuer la culpabilité, c'est de passer à l'action**. Voyez si les bonnes raisons que vous avez d'intervenir pour que votre enfant dorme mieux pèsent plus lourd que votre culpabilité.

Soyez confiant dans ce que vous allez mettre en place : plus vous êtes sûr de vous, moins vous donnerez prise à la culpabilité.

Combien de fois ai-je entendu :

- « Il est petit, c'est normal qu'il pleure la nuit. »
- « Nous, on dort à deux et lui on lui demande de dormir tout seul. »
- « C'est pour moi que je veux qu'il fasse ses nuits, c'est une demande égoïste. »
- « On ne peut quand même pas le laisser pleurer dans son lit. »

Si ces réflexions pouvaient être les vôtres, voici ce que vous devez comprendre :

- Un enfant qui pleure au lieu de dormir ou se réveille régulièrement n'est pas un enfant qui va bien. Lui apprendre à dormir est votre responsabilité.
- Un enfant qui dort bien est plus calme, plus éveillé et plus ouvert aux apprentissages.
- Votre enfant n'a pas besoin de votre présence physique 24 heures sur 24. Il a besoin de savoir que vous êtes proche et que vous l'aimez.
- Votre enfant a le droit d'exprimer sa colère et sa contrariété sur le moment, sans que vous vous sentiez coupable pour autant.
- C'est un merveilleux cadeau à lui faire que de lui apprendre à se consoler, rêver et dormir tout seul. C'est une porte ouverte vers d'autres comportements d'autonomie.
- La fin des conflits le soir, des parents reposés et souriants le matin : n'est-ce pas le plus important pour votre enfant ? Et n'oubliez pas : vous aussi avez droit à des nuits complètes et reposantes.

Les parents profondément gentils sont ceux qui ont le plus tendance à se sentir coupables, parce qu'ils ne veulent surtout pas contrarier les autres ou leur faire de la peine, et à leurs enfants encore moins. Si vous êtes dans ce cas, posez-vous la question : hésiteriez-vous à contrarier votre enfant s'il voulait absolument couper lui-même sa viande avec un couteau de boucher ? De la même manière, on peut dire que **ne pas enseigner à son enfant à bien dormir c'est le laisser se faire du tort.**

Enfin, n'oubliez pas que la culpabilité finit par engendrer la colère et le ressentiment, car on en veut à l'autre du conflit intérieur qu'il provoque : on veut que son enfant dorme mais on ne veut pas s'en donner les moyens ni en supporter les conséquences. Quelqu'un, enfant ou conjoint, va devenir la cible de ses ressentiments. Cela n'arrangera ni l'ambiance générale ni les troubles du sommeil...

29 Soyez *solidaires*

C'est important que les deux parents participent à la résolution des difficultés de sommeil de leur enfant. À deux, on est plus patients, plus convaincants et plus forts...

Les troubles du sommeil sont épuisants nerveusement. C'est pourquoi ils mettent le couple à rude épreuve. Il n'est pas rare qu'une difficulté à endormir un enfant se termine par une querelle conjugale. Ce dont l'enfant est parfaitement conscient. C'est une responsabilité et une culpabilité qu'il n'est pas bon qu'il porte.

Soutenez-vous

Il est fréquent que des parents, qui s'entendent bien en général, rentrent dans des conflits récurrents lorsqu'il s'agit de gérer les troubles du sommeil. L'un est plus strict : il veut laisser l'enfant pleurer, se dit que cela suffit et qu'il aimerait profiter de sa soirée ou de sa nuit. L'autre veut être « gentil » avec l'enfant, ou bien s'inquiète du fait qu'il ait un vrai problème, qu'il puisse se sentir abandonné...

Or s'il y a une faille entre ses parents, l'enfant s'y glisse. Il devient vite sujet de dispute : généralement, le plus ferme trouve que le plus tolérant gâche tous ses efforts. Ni autoritarisme ni permissivité ne donnent de bons résultats.

Alors que faire ?

- - Évitez de discuter devant votre enfant, pendant la crise, de ce qu'il convient de faire. N'exposez pas vos désaccords devant lui.
- - Ne laissez pas croire au petit qu'il peut obtenir de sa mère ce que son père vient de lui refuser (ou réciproquement). C'est ainsi qu'on entend du fond du lit : « Non, pas papa, maman ! » Il s'agit d'une erreur éducative difficile à compenser.
- Quand l'un des parents a pris une position, il est préférable que l'autre le soutienne, même s'il est en désaccord. Si débat il doit y avoir, il aura lieu à un autre moment.
- Quand de nouvelles habitudes, un peu difficiles, sont à établir, il est important que les parents se montrent solidaires. « Ta maman t'a dit non, alors c'est non. »

Passez-vous le relais

Se passer le relais d'un parent à l'autre est important lorsqu'il s'agit de protéger un peu de son sommeil. Chaque parent est responsable d'une nuit, à tour de rôle. Mais il doit y avoir cohésion. Un projet clair permet que les deux parents se comportent de la même manière, aie les mêmes exigences vis à vis de l'enfant.

Si vous faites « front commun », ensemble ou à tour de rôle, et de manière suivie dans la durée, votre enfant finira par se comporter comme vous l'attendez de lui.

30 Protégez *votre vie de couple*

« Depuis que notre fille est née, j'ai l'impression que nous ne sommes plus que des parents. Jour et nuit, tout est centré autour d'elle et de ses besoins. Pour ma femme, je ne suis plus un conjoint mais un "coup de main" ! » Un papa.

Avec l'arrivée de bébé, le couple amoureux devient un couple de parents. Cette évolution n'est pas toujours facile à gérer. La venue du premier enfant, et plus encore du second, est un tremblement de terre pour le couple, qui doit continuer son chemin sur de nouvelles bases.

Les troubles du sommeil ont des répercussions importantes sur la vie de couple

Le stress génère des conflits, des attaques réciproques. La fatigue évacue toute patience. Faute de pouvoir confier leur enfant pour la soirée ou la nuit, certains parents renoncent à toute vie sociale. Ils mettent aussi de côté leur vie sexuelle, soit que l'enfant dorme dans leur lit, soit que la fatigue et les préoccupations aient le dessus. Il arrive qu'ils fassent chambre à part.

Or les nouveaux parents ont particulièrement besoin de se retrouver et de prendre soin du lien qui existe entre eux. Ils ont besoin de partager des soirées calmes, pour échanger sur leur vie, pour se donner de la tendresse, pour se détendre. Ils ont besoin de leurs nuits pour se reposer et garder une vie intime. Si leur enfant fait durer indéfiniment les mises au lit et se réveille la nuit, il les prive de ces moments de retrouvailles.

Il est fréquent que le jeune enfant prenne une place qui n'est pas la sienne. S'il ne dort pas, c'est pour ne pas laisser ses parents dans une intimité qui l'exclut. Le laisser y parvenir, c'est un bien mauvais cadeau à lui faire. La force de l'amour entre ses parents est ce qui peut arriver de mieux à l'enfant. Il n'y a pas de meilleure protection pour son équilibre et sa construction psychique.

La mère est souvent divisée entre son désir de prolonger l'intimité très spéciale qui la relie à son enfant et la nécessité de le rendre plus autonome. C'est au père que revient le rôle de convaincre la mère qu'elle peut laisser son enfant sans crainte, pour se tourner à nouveau vers son conjoint et vers le reste de sa vie.

Une mère qui s'appuie sur son conjoint et le laisse jouer son véritable rôle auprès du bébé, c'est à dire expliquer à ce dernier quelle est sa vraie place dans la famille (une *grande* place mais pas *toute* la place) a le comportement le plus heureux qui soit pour son couple et pour son enfant.

Donnez-vous du temps

La cellule familiale s'enrichit : le couple doit tout naturellement en être renforcé.

Mais tout le monde sait que ce n'est pas systématiquement le cas. Pour que l'histoire d'amour résiste, il est important que les parents continuent à en prendre soin. Le danger est pour ceux dont le nouveau rôle prend toute la place, et qui retirent affection et attention au conjoint pour tout reporter sur leur enfant. **Si l'enfant est au centre de la relation parentale, le couple est menacé.**

Que le couple préexiste à la naissance des enfants ou qu'il soit « recomposé », il a besoin de soin et de temps. Pour que la tendresse et l'intimité se maintiennent, il faut s'en donner les moyens. D'où certains droits inaliénables :

- Le droit de passer « en amoureux », sans les enfants, une soirée par semaine, un week-end par trimestre, une semaine par an.

- Le droit de coucher les enfants le soir assez tôt pour avoir un morceau de soirée pour soi et le temps d'échanger.

Le droit de n'être qu'à deux dans sa chambre, *a fortiori* dans le lit.

Soignez le conjugal

Séparer le conjugal du familial, à certains moments et dans certains endroits, est indispensable à la santé du couple. À chacun d'en trouver les modalités.

Les enfants vont protester : ils sont couramment assez jaloux des liens qui unissent leurs parents. Mais, là encore, ils en seront profondément rassurés. Rien n'est plus sécurisant pour un enfant que de sentir que ses parents s'aiment et que leur couple est solide : cela éloigne la crainte d'une séparation toujours possible.

31 N'hésitez pas *à consulter si besoin*

Bien sûr, on survit à un trouble du sommeil de son enfant... Mais dans quel état ? Alors quand rien de ce qu'on tente soi-même ne fonctionne, on consulte.

Près du quart des consultations psychologiques concernant les jeunes enfants que j'ai eu à mener ces dernières années avaient pour objet des troubles du sommeil. Sans compter toutes les difficultés de sommeil que l'on découvre au fil d'une consultation dont ce n'était pas l'objet principal : bébé difficile à sevrer, problèmes d'autorité ou d'organisation, dépression maternelle, problèmes de couple, etc. Or tous les parents confrontés aux difficultés de sommeil de leur enfant ne consultent pas, loin de là. C'est dire l'ampleur du problème...

La consultation de sommeil

C'est le plus souvent au pédiatre ou au médecin généraliste que les parents, épuisés, confient tout d'abord leur inquiétude. Perdus, ils attendent une solution miracle, une petite pilule du sommeil qui résoudra toutes les difficultés. Or que voit le médecin ? Des parents épuisés, hagards, les yeux cernés, n'en pouvant plus de toutes ces nuits décousues, accompagnés d'un enfant robuste, vif et en pleine santé. L'examen médical confirme que « tout va bien » et que l'enfant se développe au mieux. Les parents repartent parfois avec un médicament plus ou moins placebo pour l'enfant, accompagné de quelques conseils éducatifs, ou d'une simple exhortation à la patience. **Un somnifère, s'il fonctionne comme prévu, masque les causes, mais ne résout rien.**

C'est le plus souvent en seconde intention, ou adressés par leur médecin, que les parents viennent voir le psychologue. Dans l'immense majorité des cas, l'origine des troubles du sommeil est, sinon psychologique, du moins éducative. Pourtant il est toujours utile de s'assurer à l'occasion d'une visite médicale, de l'absence de toute cause physiologique.

Mieux vaut ne pas trop attendre

Les psychologues sont souvent étonnés par la grande capacité qu'ont les parents à supporter des nuits chahutées par leurs enfants. Certains attendent des années avant de consulter, lorsqu'ils ont le sentiment d'avoir tout essayé et qu'aucune méthode n'a abouti. Si leur enfant cesse de manger, ou s'il tarde à marcher, les parents s'inquiètent et interviennent. Mais ils tiennent les troubles du sommeil pour quantité négligeable ou inévitable. Ils ont tort. Plus tôt ils consultent et plus les problèmes se résolvent facilement. Un trouble qui dure depuis des mois ou des années, des habitudes prises depuis longtemps, demandent souvent plus d'efforts à chacun. Mais le changement obtenu sera un immense soulagement pour tous.

Le bon critère pour consulter, outre la gravité du trouble, est la capacité des parents à le supporter et à y apporter les bonnes réponses. Il n'est pas rare que le fait d'être écoutés, encouragés, conseillés et affermis dans leurs résolutions suffise pour obtenir une nette amélioration.

La première consultation de sommeil prend du temps. Le professionnel, avec l'aide des parents, va tenter de comprendre ce qui sous-tend les difficultés de sommeil. Ce malaise que l'enfant exprime peut avoir de multiples origines et des significations diverses. Certaines lui sont propres, d'autres tiennent à ses parents, la plupart à la relation qu'il entretient avec eux. Un petit enfant, pas particulièrement anxieux en temps normal, que ses parents doivent recoucher dix fois avant qu'il consente à rester dans son lit, a sans doute besoin de se voir confirmer des instructions et des limites claires. Un autre qui ne peut se coucher seul et se réveille la nuit en proie à de fréquents cauchemars présente peut-être les symptômes d'un stress non pris en compte.

Un professionnel à l'écoute

Le psychologue, dans une consultation pour un trouble du sommeil, n'est pas là pour donner une interprétation sauvage des symptômes, mais pour recueillir une souffrance et pour accompagner les parents dans une prise de distance. Celle-ci amènera naturellement des changements. Le psychologue, pendant le temps de la consultation, observe le comportement de l'enfant et les interactions avec ses parents. Ces observations sont riches d'informations sur le degré d'autonomie affective de l'enfant, élément indispensable à la séparation du soir. Évaluer le niveau de sécurité intérieure de l'enfant est une étape importante.

Le professionnel cherche aussi à estimer l'anxiété des parents, souvent présente dans un trouble du sommeil de son enfant.

Il est normal que les parents soient appelés à parler de leur propre enfance et du rapport qu'ils ont avec le sommeil. Il est intéressant de connaître aussi l'histoire de la famille et du couple, le déroulement de la grossesse et de l'accouchement, les premiers mois de l'enfant : tout ce qui peut prendre du sens par rapport aux difficultés actuelles. C'est pourquoi le psychologue préférera recevoir l'enfant accompagné de ses deux parents chaque fois que cela est possible.

Parfois, assister à une conférence suffit...

« Bonjour madame, je suis la maman d'un bébé de 9 mois et nous avons assisté avec mon mari à votre conférence mardi soir sur le sommeil de l'enfant. Nous sommes rentrés chez nous très motivés par vos paroles et nous avons mis en place vos conseils et ce en nous laissant un délai d'une à trois semaines pour que cela fonctionne. Dès le lendemain, le changement a eu lieu ! Depuis 48 heures (et surtout 2 nuits !), notre bébé dort comme un ange dans son lit, il s'y endort seul et en chouinant à peine 5 minutes. Toute la famille revit ! Nous sommes conscients que tout n'est peut-être pas gagné mais c'est extrêmement encourageant. Alors, pour cela, il était important pour nous de vous dire : MERCI ! »

chapitre 5

L'éducation au sommeil : de la naissance à 6 mois

32 Éduquer *pour prévenir*

Prévenir l'installation de mauvaises habitudes de sommeil est une chose que tous les parents peuvent faire. C'est évidemment beaucoup plus simple et plus efficace que guérir des troubles déjà installés...

Quand son nouveau-né s'endort tranquillement dans son berceau après chaque allaitement ou chaque biberon, on n'imagine pas qu'un trouble du sommeil puisse survenir. Même après un mois, lorsque bébé prend parfois la nuit pour le jour, il continue à s'endormir avec facilité, spontanément. Les parents se disent que tout va bien, que ce n'est qu'une question de « timing ». Ne suffit-il pas de continuer comme cela pour que le sommeil de nuit s'installe naturellement ? Quelques semaines ou quelques mois plus tard, les parents sont assez surpris de constater que les bonnes habitudes de sommeil ne se développent pas comme prévu. Bien sûr l'enfant s'endort toujours d'épuisement, mais il développe peu à peu des habitudes qui retentissent péniblement sur la vie familiale. Par exemple il ne s'endort qu'au sein, ou bercé dans les bras.

Bien dormir s'apprend

Peut-être, dans les modes de vie anciens, s'endormir dans l'unique pièce familiale peu après la tombée du jour était-il simple. Nos modes de vie ont changé et ce n'est plus le cas aujourd'hui. Pour des tas de raisons qu'il serait trop long d'énumérer, presque tous les enfants développent de mauvaises habitudes de sommeil qu'il sera difficile ensuite de modifier. D'abord parce que toute la famille est très fatiguée. Ensuite parce que changer des habitudes bien établies est très perturbant et peut entraîner des vives et longues protestations.

Aussi ces chapitres sur l'éducation au sommeil sont-ils fondamentaux.

Ne croyez pas que certains âges ou périodes de développement s'accompagnent implacablement de troubles du sommeil. C'est faux.

Enfin, les parents doivent savoir qu'un trouble du sommeil, sauf s'il est très bref et causé par un événement vite repéré, ne se règle pas tout seul. Il a même plutôt tendance à s'aggraver avec le temps. La raison principale est que l'enfant y trouve beaucoup de bénéfices secondaires.

Prévenir plutôt que guérir

La prévention et l'éducation au sommeil commence dès la naissance. Cela demande des parents une grande attention portée au rythme de leur enfant. L'idée générale est de synchroniser les temps de repos avec les moments de fatigue physiologiques de l'enfant. On n'y parvient jamais parfaitement, du fait des contraintes de nos modes de vie. C'est pour cela qu'il faut s'attendre à quelques cris et quelques protestations, mais en quantité infiniment plus réduites que lorsqu'il s'agit de traiter un trouble du sommeil.

Dès l'âge de trois ou quatre mois, l'enfant peut apprendre à bien dormir. Le rôle des parents est primordial. Ce sont souvent eux qui sont cause de l'installation d'un trouble du sommeil, passant d'une attitude à l'autre selon les soirs, alternant fermeté et permissivité. Mais ce sont eux également qui peuvent pratiquer cette éducation au sommeil, largement aussi importante qu'apprendre à se laver ou à faire du vélo.

Plus on commence tôt l'éducation au sommeil et...
plus sa valeur préventive est importante ;
plus elle est simple à mettre en place ;
moins elle suscite de protestations ;
plus l'enfant est calme et bien dans sa peau.

33 Rappelez-vous *d'où vient bébé*

Découverte, amour, épuisement... On est rarement préparé à ce maelström qu'est l'arrivée d'un bébé à la maison. Les six premiers mois, vous serez les témoins de changements spectaculaires. Un mot à retenir : patience...

Les six premiers mois de la vie de l'enfant sont déterminants pour la suite. La première vision de l'existence se dessine à cette période : le bébé élabore sa compréhension du monde, avec les outils qui sont les siens. Dans le domaine du sommeil comme dans tous les autres, les premiers pas sont importants. Les tout premiers repères se prennent, une impression de bien-être et de sécurité liée au fait de dormir, ou bien un ressenti d'inquiétude.

Là d'où vient l'enfant

Le premier point consiste à ne pas oublier d'où vient l'enfant. Il y a peu de temps, il évoluait dans un milieu très doux, où, roulé en boule, il se laissait bercer. Il ne connaissait ni la faim, ni la soif, ni le froid, ni les bruits violents, ni la fatigue, ni la lumière du jour. Il n'était jamais seul, toujours bercé. Le voilà maintenant, avec tout à découvrir.

Il n'est pas question, bien entendu, de reproduire à la maison les conditions de la vie utérine. Votre enfant est sorti, sans retour en arrière possible, et il va s'habituer à son nouveau milieu de vie. Mais cela lui sera d'autant plus facile que vous adoucirez cette rupture. On sait qu'un bébé se sent en paix, la tête posée sur le cœur de papa ou de maman. On sait qu'il est indisposé et réagit par des pleurs aux bruits violents ou aux mouvements brusques. Être attentif à son confort, à sa température, ne pas le faire attendre trop lorsqu'il a faim, tout cela fait partie de l'accueil qu'il lui est dû.

Le nouveau-né humain naît « mal fini »

Le nouveau-né a besoin longtemps d'une aide considérable pour se construire, incapable de subvenir à ses propres besoins, non seulement physiques mais affectifs. C'est l'intervention d'une autre personne, en priorité la mère lorsqu'elle peut jouer ce rôle, qui va « humaniser » l'enfant. Contre le corps de sa mère, le bébé découvre son propre corps. La séparation ne se fait pas d'emblée le jour de la naissance, à la coupure du cordon. Elle se fait progressivement, au fil des interactions. L'intimité, le corps à corps, avec la mère ou le père, est ce qui va permettre la séparation. Le bébé puise dans la sécurité du corps rassurant le courage de s'éloigner et de supporter la solitude.

Le nouveau-né passe une grande partie de sa journée à dormir, une vingtaine d'heures en moyenne, entre seize et vingt heures à un mois. Les éveils sont fréquents, le plus souvent liés à la faim. Ils durent peu de temps et sont essentiellement des temps de veille agitée, avec peu de veille calme. Il pleure souvent.

Le point essentiel, concernant le sommeil du nouveau-né, consiste à se rappeler qu'il s'endort d'emblée en sommeil agité. Le bébé endormi paraît, pour un observateur extérieur, très actif. Il bouge les yeux dans leurs orbites, allant parfois jusqu'à soulever les paupières. Il lui arrive de bouger bras et jambes. Il peut produire des petits sons, voire pleurer un peu.

Malgré l'apparence, le bébé est réellement en train de dormir. Il rêve. Son sommeil est léger et pourrait facilement être interrompu par un bruit ou un mouvement. Ce n'est certainement pas le moment d'intervenir, croyant à tort que le bébé a besoin d'aide.

S'il continue à dormir, le bébé va passer en sommeil calme, beaucoup plus paisible d'apparence. Dans une période de trois heures de sommeil, le bébé va enchaîner deux à trois périodes de sommeil agité et autant de sommeil calme. Chaque type de sommeil représente environ 50% du temps total de sommeil.

Il ne différencie pas le jour et la nuit

Le nouveau-né, dans ses temps de sommeil et d'éveil, ne fait aucune différence entre le jour et la nuit. Il est indispensable de le nourrir et de le prendre considération quelle que soit l'heure. Il n'a aucun contrôle sur son sommeil et sur ses besoins. C'est épuisant, mais cela n'a qu'un temps. Il est absolument normal, pendant cette période, que le sommeil du bébé soit quelque peu particulier et erratique…

La tâche des parents pendant ces premières semaines consiste essentiellement à faire connaissance avec leur bébé, et à se faire connaître de lui. Ils vont découvrir, sans chercher à rien modifier, à quel moment bébé s'endort, quelle position il préfère, s'il aime être bercé de manière très douce ou plus rythmée, etc. Ils vont apprendre à distinguer ses pleurs et à répondre à ce qu'ils comprennent de ses demandes, sans oublier que cela devient plus facile au fil des semaines, bébé apprenant à mieux communiquer sur ses besoins.

Les difficultés que les parents ressentent sont souvent liées à leur propre fatigue. Ils découvrent les réveils douloureux en pleine phase de sommeil profond et les nuits hachées. En peu de semaines, ils sont épuisés. **S'adapter à son bébé, c'est aussi essayer de prendre provisoirement son rythme, c'est-à-dire penser à se reposer dès qu'il se repose.**

Il a besoin d'intimité et de sécurité

Le premier mois, ce n'est pas le moment d'éduquer au sommeil, mais d'entourer bébé d'un climat propice à son bon développement. C'est alors tout naturellement que les premiers rythmes quotidiens vont commencer à se dessiner. Pour que ce processus s'élabore harmonieusement, il suffit d'entourer son enfant d'un climat de tendresse, de proximité et de sécurité.

On peut dire que le bébé est une véritable « éponge sensorielle ». Il est très sensible à l'ambiance, paisible ou tendue, qui l'entoure. Il sait si la personne qui le tient dans ses bras est à l'aise ou anxieuse.

Un parent angoissé ou épuisé n'est pas le mieux placé pour endormir un bébé, qui absorbe cette tension. Une des tâches des parents, et pas des moindres, consiste donc à s'occuper d'eux-mêmes et de l'ambiance dans laquelle ils vivent.

34 Apprenez *à comprendre ses pleurs*

Tous les bébés pleurent. C'est leur manière de communiquer. Cela ne veut pas dire qu'ils ne sont pas heureux ou que vous n'êtes pas de bons parents. Le bébé qui réclame vigoureusement ce qui lui manque montre une belle confiance dans la vie... Et en vous.

Ce conseil a pour objectif de vous rassurer. Les pleurs des bébés ne sont pas inquiétants en soi. Ils témoignent de leurs efforts d'adaptation à un monde tout neuf. Le tout petit pleure parfois pour un malaise, parfois pour se bercer. Dans ce cas, le laisser faire n'est alors pas la plus mauvaise des solutions...

L'obscure raison des pleurs

Si les pleurs, sont, pendant quelques mois, difficiles à comprendre, quelques cris, malgré tout, semblent innés, car ils sont similaires pour les bébés du monde entier.

Les trois principaux, dont les enregistrements scientifiques montrent qu'ils se distinguent effectivement, sont le **cri de faim**, le **cri de douleur** et le **cri de colère**. Mais la langue des cris des trois premiers mois est si complexe que les parents ont de nombreuses excuses pour ne pas la maîtriser encore. Passé cet âge, les cris, au début de la crise, diffèrent : on commence à s'y repérer.

Dans la pratique, l'interprétation reste complexe car, s'il est relativement possible d'interpréter un cri à son commencement, tous les cris finissent par évoluer de plus en plus intensément vers un cri qui ressemble à un cri de douleur ou de rage...

Pour tenter de les distinguer...

Le cri de faim

Les pleurs de faim sont certainement les plus fréquents chez les tout-petits.

Comme disent certains pédiatres : « *Dans le doute, nourrissez.* » Ceci est d'autant plus pertinent que nourrir un bébé calme également ses cris de soif, de besoin de téter, ou d'être pris dans les bras. Mais il peut y avoir un risque à long terme à répondre à toute demande par de la nourriture. En effet, l'enfant risque de confondre consolation affective et prise de nourriture. Aussi cette réponse « alimentaire » systématique ne peut-elle durer que les tout premiers mois, et en respectant toujours l'absence d'appétit de l'enfant.

Le cri de faim est vigoureux. Ce sont des cris brefs, rythmés, mais qui évoluent vite vers des cris de plus en plus intenses, évoquant invariablement la souffrance. C'est que le bébé qui a faim et qui n'est pas nourri a réellement mal. Il est submergé par son besoin. Il n'est plus que faim.

Le cri de fatigue

C'est, en fréquence, le cri qui vient en seconde position.

Chez le petit bébé, ces cris de fatigue peuvent s'assimiler à ces pleurs de fin de journée, si difficiles à apaiser.

Votre bébé a passé un long moment éveillé, charmant. Puis, la fatigue venant, il a commencé à pleurnicher un peu. Il se peut qu'il trouve son sommeil. Il se peut aussi que l'énervement monte, en longs sanglots et que vous ayez l'impression qu'il ne s'endormira jamais. C'est le cri du petit qui n'en peut plus de tant de nouveauté et d'éveil. Il pleure pour s'assourdir, pour se bercer, pour dire sa fatigue et sa difficulté à « lâcher prise ».

Que faire ? Vous pouvez essayer de bercer votre bébé ou de lui chanter une berceuse. Un bébé se sent bien s'il est en contact corporel étroit avec sa mère. Mais vous pouvez aussi le coucher dans une pièce calme et lui offrir la possibilité de vider tranquillement la tension qui l'habite, sans vous angoisser.

Chez l'enfant plus grand, ce cri de fatigue est celui qui survient le soir, toujours, lorsque l'enfant, après une journée bien remplie, ne sait plus se détendre. Pleurer va à la fois le délasser et mettre un terme à une situation où il s'énerve de plus en plus sans pouvoir décrocher.

Le cri de douleur

Le cri que provoque la douleur est certainement un des plus faciles à reconnaître. S'il s'agit d'une douleur soudaine, comme une douleur d'oreille ou une épingle à nourrice mal refermée, les cris sont aigus et perçants. Impossible de ne pas intervenir rapidement ! Une douleur chronique, ou accompagnée d'une forte fièvre, s'accompagne parfois d'un pleur différent qui ressemble davantage à un geignement irrégulier, faible mais répété, d'animal blessé. On sent que le bébé n'est vraiment pas en forme. On intervient rapidement.

Le cri de colère

C'est un cri d'une grande violence. Il survient essentiellement lorsque le besoin de l'enfant n'a pas été entendu. C'est un cri que l'on peut entendre comme l'effet d'une frustration intense : celle de voir ses besoins non satisfaits et de se sentir soi-même tellement impuissant. Lorsqu'il n'est pas compris, l'enfant passe de la colère à la rage. Cette réaction n'est pas négative : elle prouve que l'enfant espère dans le monde où il est. C'est un monde où les appels peuvent être entendus. C'est pourquoi un cri pour autre chose tourne souvent au cri de rage.

Le cri de solitude ou d'ennui

Celui-là commence comme une protestation. L'enfant en a assez d'être seul dans son lit ou toujours sous le même mobile. Si personne ne vient s'occuper de lui, des gémissements plus nets apparaissent. On ne vient toujours pas ? Alors il va hurler franchement et finir généralement par obtenir ce qu'il veut : de la compagnie.

Le cri de soif

C'est une cause à laquelle on ne pense pas souvent. Pourtant il est fréquent qu'un bébé, trop couvert, pleure d'inconfort et de soif. De même la chaleur et la sécheresse de l'air régnant dans les appartements modernes entraînent souvent une soif du bébé à laquelle il faut répondre en tant que telle : en lui donnant un petit biberon d'eau et non de lait.

Le cri d'inconfort, de gêne

Ces pleurs sont petits, mais répétés, insistants. Tâchez de comprendre d'où vient la gêne afin d'y remédier : couche souillée, érythème fessier, impression de froid ou de chaud, position inconfortable, nudité, etc. À chaque problème, sa solution.

Et quand il crie... pour rien

Rien à faire, vous ne trouvez pas. Bébé a mangé, il est propre, il ne semble pas souffrir, il a dormi et pourtant il pleure. Il peut se calmer dans vos bras et recommencer dès que vous le posez. Le fait que vous ne trouviez pas la source de ses pleurs ne signifie pas que votre bébé pleure « pour rien ». Il y a certainement une raison, mais encore inconnue.

Que faire ? Même si vous ignorez la cause de son malaise, compatissez. Faites comprendre à votre bébé que vous êtes avec lui, à ses côtés, et bien désolée de ne pas pouvoir le soulager. Bercez-le, parlez-lui tendrement, laissez-le seul un moment, revenez le voir. Une journée de larmes peut simplement marquer un passage à un nouveau stade de développement. Soyez là, calme, présent, rassurant, et tout ira bien.

L'enfant a bien d'autres raisons d'appeler. Mais elles ne donnent pas lieu à un cri spécifique, commun à tous les bébés. Heureusement, les parents disposent d'autres indices pour comprendre leur enfant et de nombreuses stratégies pour lui répondre de manière adéquate. Savoir soulager son bébé ne peut que s'inscrire dans l'intimité d'une relation à deux.

35 Repérez et gérez *les coliques du nourrisson*

Les bébés qui ont des coliques ont besoin que leurs parents s'adaptent à leur difficulté réelle mais temporaire. Le problème survient lorsque le comportement parental reste le même alors que les coliques ont disparu...

Cet étrange symptôme encore mal expliqué touche environ 20 % des bébés âgés de deux semaines à trois mois. Les bébés qui en sont atteints pleurent énormément, sans que l'on puisse déceler un signe précis de douleur. Personne ne connaissant avec certitude la cause des coliques, il n'existe pour elles aucun traitement médical. Des dizaines d'hypothèses ont été avancées, puis abandonnées. Aujourd'hui, la responsabilité des coliques est souvent mise sur le compte de l'anxiété maternelle, de troubles digestifs ou d'une angoisse existentielle.

Un bébé en bonne santé qui pleure beaucoup et dort peu

Ceci est la meilleure définition que l'on puisse donner du bébé souffrant de coliques. Malgré la grande agitation et les insomnies, ces bébés se développent fort bien sur tous les plans et font souvent preuve d'un solide appétit.

Les parents de ces bébés sont en général épuisés, inquiets et malheureux. Ils ne peuvent s'empêcher de se dire que quelque chose doit aller mal pour que leur petit se mette dans un tel état. Pourtant les coliques, pour difficiles à supporter qu'elles soient, ne sont pas graves et ne laissent aucune séquelle.

Comment savoir si votre bébé souffre de coliques ? Voici les critères fiables :

- Il pleure beaucoup et semble mal à l'aise. Le pédiatre dit que tout est normal, mais le bébé continue néanmoins à pleurer plus de deux heures par jour.
- Le nourrir, le bercer, le promener, le masser, etc., sont des attitudes qui semblent lui faire du bien, mais qui ne le calment que très temporairement. Les cris commencent et se terminent soudainement, sans raison apparente dans un cas comme dans l'autre.
- Les cris sont difficilement différenciables, mais ressemblent à ceux provoqués par une douleur intestinale violente.
- Ils surviennent n'importe quand, mais avec une préférence pour la fin de journée.
- Le bébé donne l'impression d'être tendu.
- Ou bien on peut aussi dire, comme cette maman épuisée : « *Vous vous demandez si votre bébé a des coliques ? C'est qu'il n'en a pas ! S'il en avait, vous n'auriez aucun doute !* »

Quels sont les traits qui caractérisent les bébés atteints de coliques :

- Ils sont facilement tendus et hypertoniques. Le corps est rarement en relaxation. Les gestes sont vifs. Mais ils sont aussi très actifs et semblent sans cesse en mouvement.
- Ils sont très sensibles à l'environnement. Ils réagissent plus que d'autres à l'échange, aux étrangers, au bruit, à la lumière. Le moindre bruit, une lumière, un mouvement peuvent les tirer du sommeil.
- Ils sont très éveillés et, lorsqu'ils ne pleurent pas, se montrent des compagnons très agréables parce que semblant comprendre beaucoup de choses et apprendre très vite.
- Ce sont des bébés impatients. Ils supportent mal d'avoir à attendre que leur biberon chauffe ou que leur parent ait fini de téléphoner. Ce qu'ils veulent, ils le veulent tout de suite. Ils manifestent toujours des désirs ou des besoins qu'ils sont inca-

pables de satisfaire seuls. Ils ne renoncent pas, ce qui témoigne de la force de leur caractère.

En grandissant, une fois les coliques passées, ces bébés se révèlent le plus souvent des enfants alertes, éveillés, intelligents et curieux. Ils se développent vite physiquement et intellectuellement.

Un bébé qui demande douceur, calme et patience

La réponse aux coliques du nourrisson tient en trois points principaux :

1. Répondre rapidement au très jeune bébé qui crie et le faire de manière pertinente, selon la compréhension qu'on a de ses besoins.
2. Permettre au bébé d'apprendre à se calmer seul, ce qui ne signifie pas le laisser pleurer sans lui répondre, mais au contraire lui offrir la possibilité d'acquérir une nouvelle compétence, une nouvelle autonomie.
3. Bien comprendre les différentes étapes que traverse votre bébé afin d'adapter vos réponses. Dans les premières semaines, les cris sont instinctifs et souvent indistincts. Les bébés actifs et extravertis demandent plus que les autres. À ce stade, il faut répondre rapidement au bébé : il n'y a aucune raison valable de le laisser pleurer. C'est sans véritable surprise que l'on constate que les techniques les plus efficaces pour calmer les très jeunes bébés sont celles qui visent à reproduire les conditions de vie dans le ventre maternel (emmaillotage, bruits du cœur, bercements, etc.). Ajoutons aussi :

- le fait de téter (sein, biberon ou tétine) ;
- les mouvements rythmiques, dans les bras, le transat ou la poussette ;
- les balades en voiture...

Après quelques semaines, *a fortiori* après quelques mois, l'enfant comprend que pleurer fait venir sa mère. Il appelle pour des raisons diverses, mais très souvent par ennui ou par solitude. Il veut de la compagnie et apprendre des choses sur le monde. Les techniques qui le calment le mieux deviennent celles qui stimulent son intérêt.

Après trois mois, la vie reprend son cours...

Comment peut-on expliquer cette cessation mystérieuse d'un symptôme aussi excessif ? Comme pour le début des coliques, on en est réduit aux hypothèses.

Autour de trois mois, la maturité neurologique et physiologique du bébé lui permet d'être moins excitable, moins hypersensible, et son système digestif fonctionne de manière plus régulière.

Sur le plan psychologique, l'enfant est entré dans un nouveau schéma de comportement où il n'a plus besoin de pleurer. Il est généralement capable de trouver seul son pouce ou son poing, ce qui lui permet de patienter en attendant son repas et de se calmer seul. Il commence à être capable d'halluciner, c'est-à-dire d'imaginer que son repas va venir, et ce rêve peut, pendant quelques minutes, lui tenir lieu de réalité. Il est davantage à même de jouer seul. Il peut se tourner, tendre le bras et attraper. À trois mois, le bébé a généralement des jouets dans son lit. Il a un mobile qu'il peut regarder bouger, des hochets suspendus qu'il peut balancer, des peluches qu'il peut toucher. Donc il s'ennuie moins.

D'autres éléments interviennent à cet âge :

- Le nombre de repas diminue et leur horaire se régularise, ce qui rend les pleurs de faim plus rares et prévisibles.
- Le bébé dort généralement la nuit entière, ce qui est un élément de soulagement très important pour les parents.
- Enfin, la communication parents-enfants devient beaucoup plus facile. Les pleurs se différencient et le bébé acquiert de nombreux sons vocaux différents pour exprimer ce qu'il ressent ou désire. Les parents comprennent mieux, d'autant qu'ils ont eu trois mois pour apprendre à bien connaître leur bébé. Quant au bébé, il comprend lui-même beaucoup mieux ce que ses parents lui disent.

... à une condition

Tout rentre donc dans l'ordre, à une condition : que les parents n'aient pas pris et donné à leur bébé de « mauvaises » habitudes, qui pourraient déboucher sur un véritable trouble du sommeil, alors que les coliques ont disparu. Il est temps de se rappeler qu'une nuit complète est un droit légitime. Pour cela, il va falloir faire cesser les appels de nuit. Faire comprendre au bébé que la nuit n'est pas faite pour les bavardages et les câlins, mais pour dormir jusqu'au matin.

Passé quatre mois, les bébés qui ont eu des coliques, et donc un sommeil très troublé jusque-là, peuvent tout à fait adopter de bons comportements de sommeil. Aux parents d'établir et de maintenir de bonnes règles et des horaires de sommeil réguliers.

36 Décidez *si vous êtes pour ou contre la tétine*

« A priori, nous n'étions pas pour la tétine. Mais notre bébé avait un tel besoin de téter qu'il se mettait dans des états terribles s'il restait un moment sans rien dans la bouche. Comme il ne parvenait pas à prendre son pouce, on a finalement acheté une tétine... C'est ce qu'on a fait de mieux pour la paix du ménage (et du voisinage) ! » Un papa.

Pouce, tétine... L'un comme l'autre ont leurs partisans et leurs détracteurs. Cette querelle dépend des modes. Ce qu'il faut prendre en compte avant tout, c'est le besoin fondamental qu'a le bébé de téter, besoin que le temps consacré aux repas suffit rarement à satisfaire.

Âgé de quelques semaines, bébé pleure, sans que l'on sache toujours pourquoi. C'est long, déchirant. Il tente de placer son petit poing dans sa bouche, mais, trop mal coordonné, trop énervé, il ne peut le retenir. On glisse une tétine dans la petite bouche qui se referme dessus et c'est le miracle : bébé suce avidement, heureux, apaisé. Bientôt, il s'endort, épuisé. Comment résister à ce merveilleux objet ? Si bien qu'il devient vite une habitude...

Téter est le premier plaisir du bébé.

Bébé, pas encore né, suce déjà son pouce : c'est ce que l'échographie nous révèle. Aucune faim ne justifie ce geste, seulement le besoin intense de sucer. Dans les semaines qui suivent la naissance, les parents constatent rapidement combien sucer est une activité rythmique qui apaise le bébé. Rassuré, en sécurité, il se berce et se détend.

Si certains bébés trouvent très vite leur pouce ou leur poing et se calment ainsi, d'autres n'y parviennent pas. Pourquoi leur refuser le même apaisement et ne pas leur donner une tétine ? Les conséquences sur la dentition sont, à cet âge, un faux problème. Ainsi, beaucoup de parents répondent au besoin de succion de leur bébé par la tétine, qui devient l'outil indispensable de son apaisement et de son endormissement.

La sucette est décriée. Elle serait malsaine, transporterait toutes les saletés, ferait des parents des esclaves. En réalité, elle est sûre, lavable, facile à remplacer. On constate surtout qu'elle procure une réelle satisfaction à l'enfant très jeune. Elle aide notamment ceux qui ont des coliques ou des difficultés digestives à se calmer. Elle apaise les colères et les chagrins, elle aide à attendre l'heure du repas. Il est plus facile de s'en sevrer que d'arrêter de sucer son pouce... Dans nombre de familles, elle est une bénédiction !

Il y a évidemment un « mauvais » usage de la tétine. Son rôle n'est pas de remplir la bouche du bébé chaque fois que celui-ci tente d'exprimer une insatisfaction, mais de permettre, lorsqu'il le souhaite, un plaisir oral.

Si bien des parents hésitent à faire ce choix, c'est qu'ils se posent la question : quand et comment arrêter ? Notre enfant ne va-t-il pas devenir dépendant de sa tétine et l'avoir encore dans la bouche à trois ou quatre ans ?

Vers cinq à six mois, un cap est franchi.

L'intensité du besoin de téter diminue. Quant au bébé, il dispose désormais d'autres moyens de le satisfaire et de trouver son calme : il peut sucer son poing ou un morceau d'étoffe, retrouver l'odeur familière d'une poupée de tissu, etc. Aussi est-ce le bon moment pour que l'enfant apprenne à se passer de sa tétine, ce qui, à cet âge, est facile. Il suffit d'en diminuer progressivement l'usage, la journée d'abord, et d'inciter le bébé à gérer son malaise autrement. On lui parle, on le distrait, on le câline.

Passé la période des six ou sept premiers mois, on court le risque d'une dépendance à la tétine : le bébé ne peut plus se calmer ni s'endormir sans elle. Or qui dit dépendance de l'enfant dit dépendance des parents, corvéables à merci pour aller remettre dans la bouche du bébé la sucette qu'il a laissé tomber. De plus le bébé, habitué à sentir la tétine dans sa bouche lorsqu'il s'endort, va se réveiller la nuit entre deux cycles de sommeil, parce qu'il ne la sentira plus. Au lieu de se rendormir tranquillement, il va appeler l'adulte à l'aide, prenant ainsi l'habitude, si sympathique, de voir ses parents au milieu de la nuit !

Bien sûr, on peut trouver des solutions pour que le bébé devienne plus autonome avec la tétine :

- En mettre plusieurs dans le lit de l'enfant afin qu'il ait plus de chances d'en trouver une la nuit ;
- En « clipper » une sur le revers de son pyjama ; etc.

Mais cela ne règle pas la question de fond qui est qu'une fois que la tétine est devenue une habitude forte, comme un doudou, en priver l'enfant serait pire que le mal, du moins tant qu'il n'a pas l'âge de décider avec ses parents que c'est le bon moment d'arrêter.

Finalement, on fait quoi ?

Téter est un comportement inné que le bébé emploie spontanément pour apaiser ses troubles intérieurs, se rassurer et maîtriser les émotions qui l'envahissent. C'est un besoin plus ou moins impérieux selon les bébés, important à respecter.

Aux parents de faire leur choix. À l'âge de votre bébé, vous pouvez choisir de donner une tétine, puis de la supprimer vers six mois... ou non. Tout dépend de votre bébé, de ses besoins... et des vôtres.

37 Choisissez *de le garder ou non près de vous*

Offrir à son bébé de quelques mois la possibilité de dormir, heureux et à quelque distance de sa maman, c'est déjà lui faire confiance. Élever un enfant, n'est-ce pas aussi lui apprendre progressivement à se passer de nous ?

Cela commence par neuf mois d'intimité totale. Dans les dernières semaines précédant la naissance, la mère ressent tout de son bébé : lorsqu'il dort, lorsqu'il se retourne, lorsqu'il a le hoquet. Alors, même si on lui a préparé une petite chambre pour lui, ou une place dans la chambre de l'aîné, on se sent plus rassurée, on trouve plus confortable, de l'installer dans sa propre chambre, dans un couffin, à côté du grand lit. Normal : on vient juste de faire connaissance, on n'a pas envie de déjà se séparer.

En revanche, **il n'est pas souhaitable que le bébé soit *dans* le lit des parents.**

Alors faut-il installer bébé dans la chambre des parents ? C'est à chaque couple d'en décider. Certains seront rassurés d'avoir leur bébé à côté d'eux, à portée de main. D'autres seront dérangés par ses petits bruits et n'arriveront pas à dormir avec bébé. D'autres encore aimeront se retrouver en couple pour quelques heures précieuses...

Il y a un temps pour garder bébé près de soi...

La maman allaite ? Rien de plus simple, la nuit, que de glisser bébé directement dans son propre lit dès qu'il manifeste sa faim et de l'installer au sein sans même avoir à se lever. Bébé prend des biberons ? C'est aussi au creux du grand lit bien chaud qu'il est doux de se blottir l'un contre l'autre, le conjoint tout à côté, quand il faut faire face à une petite faim de trois heures du matin. Bébé se rendort ? On le glisse délicatement dans son couffin... et on fait comme lui.

Très bien. Mais jusqu'à quand ? Dans les premiers mois, tant que bébé ne fait pas ses nuits, aucun problème. Certains aiment avoir leur bébé près d'eux. Certaines mères ne sont apaisées qu'en sentant le souffle léger et tiède de leur bébé tout près d'elle. Qu'il soit dans une autre pièce, et les voilà inquiètes, allant à tout moment voir s'il respire bien. D'autres constatent qu'ils dorment mieux, et leur bébé aussi, s'ils se séparent la nuit. À chaque parent de choisir la solution qui lui semble la plus naturelle, celle qui lui convient le mieux. Passé ce délai, il est important de trouver dans la maison un coin aménagé pour le bébé où il pourra dormir au calme et en toute sécurité. Les parents ont besoin de retrouver une intimité ; le bébé d'apprendre à dormir toute la nuit, ce qui sera bien plus difficile s'il reste dans la chambre.

... et un temps pour lui apprendre à dormir seul

Il ne s'agit pas pour autant de tomber dans l'excès inverse : on voit parfois des bébés très jeunes isolés à l'autre bout de l'appartement, dans une chambre jolie, mais silencieuse et coupée de la vie. Le bébé peut tout naturellement s'endormir dans la pièce où la famille se tient, ou bien directement dans sa chambre. Cette dernière solution est sans conteste la meilleure pour prévenir les troubles du sommeil : le bébé apprend à s'endormir seul, dans son lit, dans son petit coin à lui. S'il se réveille la nuit, il ne sera pas étonné de se trouver là et saura comment faire pour se rendormir.

Il est vrai que dans certains pays (et autrefois en France), il est habituel pour l'enfant de partager le lit de sa mère jusqu'à son sevrage, parfois tardif. Ces pratiques ne font plus partie de notre culture. Une question alors se pose : qui, de la mère ou de l'enfant, a le plus besoin de l'autre ?

Le sommeil évolue et change

Durant les trois premiers mois, le bébé prend le sommeil dont il a besoin, pourvu qu'il n'ait mal nulle part, n'ai pas faim et ne soit pas dérangé. Si vous trouvez que c'est trop peu, il n'y a pas grand-chose que vous puissiez faire en dehors de vous adapter à lui. C'est lui, ensuite, qui s'adaptera au rythme de la vie familiale. Le point important est de respecter son sommeil : autant que possible, on ne réveille pas un bébé qui dort.

Pendant cette période, vous ne lui donnez pas de mauvaises habitudes.

Entre trois et six mois se joue une étape fondamentale : apprendre à dormir seul, toute une nuit (huit à neuf heures minimum), sans se réveiller. Le moment tant attendu par les parents ! Le réveil de bébé se situe tous les matins presque à la même heure, indépendamment de la faim ou de la qualité de la nuit. Il se réveille en pleine forme, plein d'énergie et appelle pour avoir de la compagnie.

À cette période se mettent en place les habitudes de sommeil, celles qui seront déterminantes pour la suite. Il est temps de mettre bébé dans son petit lit, dans sa chambre.

38 Ne craignez pas *de le gâter*

N'ayez pas peur de prendre votre bébé avec vous ou dans vos bras le temps que vous voulez. Non seulement vous n'en ferez pas un enfant gâté ou capricieux, mais vous l'aiderez à construire une solide confiance en lui-même. Se sentir aimé et important, il n'y a rien de plus précieux pour entrer dans la vie.

Dans les premiers mois de bébé, vous ne pouvez pas lui donner vraiment de mauvaises habitudes, sauf en agissant à contretemps. Si mauvaises habitudes il y avait, elles seraient faciles à rattraper dans les mois qui suivent. Le bébé a absolument besoin de l'amour tendre et attentif de ses parents. Il a besoin de leurs bras. Il a besoin de leur temps. Il n'est indépendant sur aucun plan, mais il peut être autonome sur certains. Ce n'est pas à deux semaines ou à un mois qu'on peut demander à bébé de rester toute la nuit silencieux, même si certains y parviennent spontanément.

Le bébé qui réclame les bras a bien raison !

Une jeune maman rentre de la maternité avec son bébé. Il semble pleurer beaucoup dans les jours qui suivent. À chaque fois, elle a envie de répondre aux cris, qui l'attirent ou la réveillent dès le premier vagissement, mais chaque fois elle se souvient de ce qui lui a été dit sur les petits enfants qui deviennent capricieux, et se pose la question : « *Dois-je vraiment y aller et le prendre dans mes bras ? S'il n'a rien de grave, ce n'est pas un service à lui rendre que de le prendre toujours dans les bras. Si je me pré-*

cipite à chaque fois, il n'apprendra jamais à faire ses nuits ! » Alors elle hésite, voudrait être sûre que son bébé pleure pour une « bonne raison » et ne sait plus du tout comment agir.

Je me souviens de la maman d'un petit garçon âgé de deux mois me disant : « *Mon bébé ne pleure que pour attirer mon attention. Alors je l'ignore, je fais semblant de ne pas entendre. J'ai déjà fait cela pour l'aîné : il a vite compris et s'est calmé.* » Elle avait repéré cette « manipulation » au fait suivant : son bébé pleurait ; si elle le prenait dans les bras, il s'arrêtait ; si elle le reposait, il recommençait à pleurer. Aussi en avait-elle déduit qu'il pleurait « pour rien », c'est-à-dire seulement pour être pris dans les bras, ce qui, à ses yeux, n'était pas une raison suffisante.

En réalité, **si le bébé pleure, c'est qu'il a une raison** pour cela. Le fait qu'il se calme lorsqu'on le prend dans les bras peut s'expliquer de deux façons. Soit cela le soulage temporairement de son trouble et distrait son attention. Le petit bébé ne pouvant se concentrer sur deux sensations à la fois, celle de la chaleur humaine prend le dessus, pour un petit moment, sur le malaise précédent. Soit le bébé pleure effectivement pour exprimer le besoin d'être porté, câliné, bercé, ce qui est une raison tout à fait respectable et justifiée puisqu'il s'agit là de l'un de ses besoins de base.

Pas de caprices avant trois mois

L'enfant gâté est supposé faire des « caprices », c'est-à-dire exprimer rageusement le besoin d'une chose qui n'est qu'un désir passager, cela dans le but de « faire marcher » ses parents. Cela existe peut-être mais ne peut en aucun cas s'appliquer au bébé de moins de trois mois. Il s'agit d'un mécanisme trop sophistiqué pour être à sa portée. Le nouveau-né ne se « dit » pas : « *Tiens, si je pleurais un coup pour appeler ma mère, ce serait plus amusant que de dormir...* », parce qu'il ne se dit rien du tout. Il pleure parce qu'il ressent un malaise ou pour se calmer, c'est tout.

Non seulement on ne donne pas de « mauvaises habitudes » à un bébé que l'on prend dans ses bras et dont on tient compte des cris, mais c'est l'inverse qui est dangereux. C'est de ne pas répondre à un bébé qui risque d'en faire un enfant gâté. Ses besoins de base n'étant pas satisfaits, il va devoir développer d'autres stratégies pour les faire prendre en compte, notamment en pleurant ou en réclamant davantage, de jour comme de nuit. S'il choisit de ne plus appeler, c'est encore plus triste. Dès son plus jeune âge, il a appris qu'il ne sert à rien de demander ce que la vie vous refuse et qu'il n'est pas assez aimable (apte à être aimé) pour être digne d'attention.

Des mauvaises habitudes faciles à rectifier

Même si de mauvaises habitudes sont prises par votre bébé (et il y en aura certainement peu si vous lisez ce livre jusqu'au bout !), vous vous en rendrez compte lorsque l'enfant aura cinq ou six mois. Si, alors, il continue à vous réveiller ou à vous faire venir alors qu'il pourrait très bien se débrouiller seul ou au moins patienter, il vous suffira de quelques jours, où vous poserez des règles simples, cohérentes et logiques, pour que tout rentre dans l'ordre.

Ce n'est pas parce qu'il est meilleur pour le bébé qu'on lui réponde qu'il faut pour autant le laisser détruire durablement la santé et le moral de sa mère ou la solidité du couple parental. Dans certains cas, les pleurs du bébé sont tels qu'ils transforment les parents en esclaves, ce que tous ne sont pas à même de vivre sereinement. L'horaire doit être vivable pour tout le monde : personne ne peut tenir longtemps en ne dormant que quatre heures par nuit, ou en se levant toutes les deux heures. **Répondre à votre bébé, oui, mais le laisser ruiner l'équilibre familial, non**. Lui-même n'aurait rien à y gagner. Il faut donc savoir raisonnablement établir des priorités, en tenant compte de tous les éléments.

Répondre chaque fois et rapidement est valable pour le bébé très jeune (0 à 3 mois environ). Ensuite, les règles du jeu peuvent changer progressivement et l'enfant commencer à apprendre à patienter ou à se calmer lui-même.

39 Laissez-le apprendre *à se calmer*

Autant il est important de répondre rapidement aux cris du tout-petit en demande de quelque chose, même si l'on ne sait pas de quoi, autant il serait absurde de ruiner sa propre santé et l'équilibre familial pour tenter de satisfaire en vain des cris trop fréquents.

Passé les trois premiers mois, les parents peuvent espérer retrouver des nuits presque normales. Au fur et à mesure que l'enfant grandit, ses pleurs se différencient et il devient plus aisé de leur donner un sens. L'enfant, de son côté, comprend aussi beaucoup mieux ce que les parents expriment. À cet âge, il peut très bien apprendre à pleurer pour faire venir quelqu'un et se servir de ce pouvoir à minuit, deux heures, quatre heures et six heures du matin. Aux parents de lui faire comprendre qu'ils ont besoin de repos et que la vie de toute la famille ne doit pas être suspendue à ses seules exigences. Il devient alors possible de ne plus répondre de manière systématique aux cris de l'enfant.

Doucement, le bébé apprend à attendre

Il est toujours indispensable, bien sûr, de satisfaire rapidement les besoins de base du bébé : il n'est pas question de ne pas le nourrir lorsqu'il a faim. Mais il devient possible de lui apprendre à attendre un peu lorsque le biberon n'est pas prêt ou à se contenter d'une réponse verbale lorsque les parents ne sont pas immédiatement disponibles. Enfin, il est temps de permettre au bébé d'apprendre à se calmer seul. Cela est tout aussi important dans la journée, où vous ne pouvez, pendant des mois, être toujours disponible pour bercer et soulager, que pendant la nuit où il est temps que chacun puisse dormir un nombre d'heures suffisant.

À partir de trois ou quatre mois, il est possible, et même souhaitable, de ne pas répondre aussi vite à l'enfant, ou pas de la même façon. Une réponse orale est parfois suffisante, même donnée d'une autre pièce : « *Je sais que tu es réveillé et que tu en as assez d'être dans ton lit, mais attends une minute ; je finis de me coiffer et je suis à toi.* » Parfois, parler au bébé en allant près de lui, puis lui masser le dos ou le changer de position, peut lui permettre également de patienter un peu. Il n'est pas toujours indispensable d'enclencher le « plan d'urgence ». Avant de s'impliquer dans une réponse complexe (par exemple le lever, le changer, le nourrir, etc.), il est bon d'essayer des réponses plus légères qui offrent à l'enfant davantage d'opportunités de se calmer seul. Tout dépend du message qui est derrière le cri et si l'enfant fait des tentatives pour se calmer ou non. Seules l'expérience, l'intuition et la connaissance de votre bébé peuvent permettre d'intervenir à bon escient.

L'idée fondamentale est que l'enfant peut, à partir d'un certain âge, apprendre à différer ses désirs et à se calmer lui-même, au moins temporairement. Si on ne lui en donne jamais le temps, il n'apprendra pas. Certains enfants vont, d'eux-mêmes, développer des stratégies personnelles comme sucer leur poing ou leur doigt, d'autres vont fixer un endroit du mur, ou se livrer à un mouvement précis, etc.

Tous les parents aiment leur enfant et prennent soin de lui : ce n'est pas une raison pour en devenir esclave. Si on sait qu'il n'est pas en danger, qu'il n'a ni faim, ni froid, ni mal, si on a tout essayé et qu'il continue à pleurer, il n'y a aucun problème à laisser bébé pleurer un petit moment hors de portée. Peut-être que ses cris signifient simplement : « *Laisse-moi un peu seul, je me sens mal et j'ai besoin de soulager ma tension.* » Cela vaut mieux, de toute façon, que de s'énerver parce qu'on est excédé par ses cris et impuissant à les faire cesser...

Le bébé prend confiance en lui-même

Apprendre à se calmer seul peut demander quelques semaines, mais l'enfant qui y parvient se sent généralement beaucoup mieux, satisfait de ce nouveau pouvoir. Les parents également : ils n'ont plus à se lever la nuit pour remettre la tétine dans la bouche du bébé ou pour arpenter l'appartement en le portant sur l'épaule en attendant qu'il veuille bien se rendormir. Le bébé n'est pas pour autant devenu autonome. Il a toujours besoin que ses parents fassent pour lui ce qu'il est incapable de faire lui-même. Mais il devient progressivement apte, en quelques minutes, à ne plus avoir besoin de personne pour apaiser ses cris, puis les arrêter, se calmer et éventuellement se rendormir.

Un bébé qui trouve seul le moyen de satisfaire ses toutes premières demandes, au moins quelques minutes, est un bébé qui prend déjà confiance en lui. Bébé est dépendant pour ce qui est de ses besoins. Mais, pour ce qui est de l'ordre du désir, il commence à pouvoir y faire face. Le lui permettre, c'est aussi lui offrir un début d'autonomie et de confiance en ses propres capacités.

Le mécanisme par lequel l'enfant apprend à se calmer est complexe. Il s'appuie sur certaines techniques propres à chacun, que le bébé utilise lorsqu'il se sent « désorganisé », ou comme morcelé par ses cris, afin de se « récupérer », de ne plus faire qu'un à nouveau. Le petit qui se calme seul exerce un contrôle sur ses propres réactions aux événements qui l'ont fait pleurer. Il devient moins dépendant de la disponibilité et de la compréhension de ses parents. Cela, sans aucun doute, aide à développer en lui un sentiment de sécurité et de compétence.

Le développement de l'imaginaire

Il est même, par certains côtés, important de ne plus répondre immédiatement à toutes ses demandes. Vers trois mois, un bébé est capable de supporter, progressivement, une certaine frustration. Cela lui donne le temps de développer des techniques visant à se calmer et qu'il ne découvrira jamais autrement. Il est capable d'imaginer ce qui va se produire : vous allez venir, le prendre dans vos bras, lui préparer son biberon ou le mettre au sein. Toute cette activité fantasmatique préfigure l'imaginaire. L'enfant rêve, imagine, anticipe et cela l'aide à attendre.

À trois mois, votre bébé est capable de s'intéresser à ce qui l'entoure. Ne pas répondre tout de suite, c'est aussi lui permettre d'explorer son environnement : cette peluche si douce, ces hochets suspendus au-dessus du lit et qui font du bruit lorsqu'on les agite, cette mouche qui marche au plafond, les reflets des rayons du soleil sur le mur, ses pieds qui s'agitent si drôlement au bout du lit...

Cet espace, que vous lui ménagez entre sa demande et la réponse que vous lui apportez, lui est propre. Il va apprendre à le meubler. C'est ce qui lui permettra d'accéder à l'ordre imaginaire, puis à l'ordre symbolique, et donc à la parole.

Différer ou modifier la réponse que l'on apporte aux cris de son enfant n'est en aucun cas la même chose que de le laisser pleurer pour qu'il fasse ses poumons ou afin qu'il ne devienne pas capricieux. Il s'agit de lui faire suffisamment confiance, à partir d'un certain âge, pour lui laisser le temps de découvrir par lui-même les merveilleuses compétences qui sont les siennes. L'aptitude à se calmer est l'une d'elles, que l'enfant s'approprie progressivement.

40 Apprenez *à bien coucher bébé*

Le point numéro un est celui de sa sécurité. Pour diminuer les risques de mort subite du nourrisson, il est impératif de coucher bébé sur le dos, sans oreiller ni peluche à hauteur de son visage.

Tous les bébés sont différents. Certains sont évidemment beaucoup plus faciles à endormir que d'autres. Allongés tranquillement, ils regardent autour d'eux quelques minutes avant de fermer les yeux. D'autres ont l'endormissement plus « bruyant ». Seules l'observation et la connaissance de son propre bébé peuvent permettre de savoir ce qu'il aime et ce qui le prépare le mieux au sommeil.

Trouver ce qu'il aime

Comment coucher bébé ? Le plus simplement du monde. Dans son petit pyjama, avec ou sans literie ou turbulette, dans son petit lit, dans l'endroit où il dort habituellement (sa chambre ou celle de ses parents). Une pièce à la bonne température, dont l'air n'est pas trop sec : on peut aisément remédier à cela en accrochant un humidificateur à un radiateur. L'hiver, bébé apprécie que l'on chauffe son lit avant qu'il s'y blottisse, à l'aide d'une bouillotte.

Certains bébés sont détendus par un bain en fin de journée : l'eau chaude a un effet relaxant. D'autres en profitent davantage s'ils prennent leur bain le matin. Dans la période de temps qui précède la mise au lit, on veille à ce que l'ambiance soit calme et détendue, la lumière douce. Certains bébés trouvent une détente et un plaisir évident dans le fait d'être massés doucement, à pleines mains, comme des caresses sur les vêtements, ou directement sur le corps avec une huile d'amande douce. D'autres s'endorment mieux s'ils sont sortis et ont été un peu promenés à l'extérieur.

Les nouveau-nés aiment être emmaillotés

La plupart des nouveau-nés apprécient, pendant un mois ou deux, d'être langés ou emmaillotés, comme on le faisait autrefois. Même sans connaître la technique, il est facile aux parents, une fois l'enfant prêt à s'endormir, de l'envelopper dans un lange ou dans un châle avant de le mettre au lit. Le premier mois, les bras sont pris dans le châle, puis le châle passe sous les bras, tenant les jambes et le reste du corps.

Lorsque l'enfant pleure et qu'il a du mal à trouver son sommeil, il est rassuré de se sentir enveloppé, lové, dans une position presque fœtale. Le nouveau-né est peut être gêné, voire réveillé, par les propres mouvements de ses membres. Être langé évite aussi ce petit problème.

Certains enfants apprécient plus que d'autres l'emmaillotage : à chaque parent d'essayer.

Prendre garde à l'hyper-excitation

Certains petits bébés, lorsqu'ils sont fatigués, s'endorment. D'autres, et ils sont nombreux, s'énervent. Les parents sont souvent incapables d'interpréter correctement ce comportement. Bébé pleure ? Ils le nourrissent. C'est d'autant plus compréhensible que tout pleur un peu énergique, dans les premiers mois, ressemble à un pleur de faim. Bébé se calme quelques minutes, pour le plaisir de téter. Mais ce repas vient à contretemps, et il se remet à pleurer. Les parents pensent qu'il digère mal, alors ils lui massent le ventre. Puis, bébé criant toujours, ils tentent de le distraire de son chagrin, avec un jouet ou une « conversation », en mettant de la musique ou en lui donnant un bain. Tout cela ne fait évidemment que fatiguer encore davantage le bébé qui ne demande qu'une chose : qu'on le laisse en paix, le temps de vider sa tension et de s'endormir ensuite. Il est perdu, il ne trouve plus ses repères. Il enrage de n'être pas compris.

Il arrive que ce mécanisme se reproduise fréquemment, plusieurs fois par jour. Il s'agit souvent d'enfant très actifs et éveillés, dont la demande de repos et de sommeil n'est pas comprise. Volontiers toniques, emmagasinant une grande quantité d'informations et d'expériences, ils ne peuvent passer de la veille au sommeil sans pleurer un peu. Ce sont des pleurs de fatigue et de tension. Ils aident le bébé à se détendre et à trouver le sommeil. Parfois, c'est même dans sa première phase de sommeil agité qu'il pleure. Toute intervention, même lui parler ou le bercer, serait un dérangement et une stimulation supplémentaire, donnée à contretemps.

Le besoin de manger et le besoin de dormir sont, chez le petit bébé, absolument impératifs. S'ils ne sont pas satisfaits, bébé hurle. Certains ont besoin de pleurer pour pouvoir s'endormir. C'est important à savoir.

L'habituer à son petit lit

Durant les trois premiers mois, bébé dort partout : dans les bras, dans son couffin, dans le porte-bébé. C'est pourtant le moment de l'habituer, de temps à autre, à s'endormir dans son berceau ou dans son petit lit. Dormir à l'horizontal, sur le dos, est une habitude à prendre pour le bébé qui a toujours dormi roulé en boule. Dans son lit, il retrouve, chaque fois qu'il se couche et se réveille, la même douceur du drap sur sa peau, la même sensation du poids de la couverture sur son corps, le rappel de son odeur qui imprègne le tissu tendu sous la tête, la peluche qui lui tient compagnie. Autour du lit, il reconnaît le mobile, le papier mural, les couleurs et les bruits particuliers de la pièce.

Il est important, une fois que bébé dort dans sa propre chambre, de ne pas changer le lit de place. Ainsi tous les éléments de son entourage deviennent familiers. Ils sont associés, dans l'expérience du bébé, au bonheur de s'endormir. Le lit devient un petit nid où il se sent en sécurité.

Dès les premières semaines, il est bon que bébé soit parfois couché, dans son couffin, dans son berceau ou dans son lit, avant de s'être endormi. Il fait ainsi l'expérience, utile par la suite, de s'endormir tout seul.

Une manière sympathique et efficace d'aider bébé à s'habituer à son lit et à s'y sentir en sécurité consiste à y glisser quelque chose qui lui rappelle l'odeur de sa maman. Cela peut être un t-shirt qu'elle a porté une nuit ou deux, un foulard qu'elle a gardé quelque temps autour du cou, ou quelques gouttes de son eau de toilette habituelle.

41 Installez *des repères temporels*

« Dans les semaines qui ont suivi la naissance de Simon, ce fut terrible. J'avais posé son couffin à côté de mon lit. Le moindre de ses soupirs me réveillait, le moindre de ses mouvements me faisait sursauter. Les montées de lait étaient fréquentes, douloureuses, toujours en avance sur ses appels. Après la tétée, le change, je me recouchais : impossible de me rendormir. Entre deux tétées, je me tournais dans mon lit, guettant le prochain réveil du bébé. »

Une maman.

Les deux ou trois premiers mois sont, pour le sommeil des parents, les plus pénibles. Le bébé a besoin de manger régulièrement. Quand son ventre est vide, il crie. Évidemment, on intervient. Puis, progressivement, maturité venant, le bébé apprend à dormir toute la nuit. À condition de suivre quelques principes simples.

Gérer les réveils des tout-petits

- Chacun ayant droit à son repos, décidez, dès le retour de la maternité, d'alterner avec votre conjoint les tours de garde : une nuit pour l'un, une nuit pour l'autre. Il paraît que certains pères ont une oreille sélective. Ainsi, ils sont moins spontanément réveillés que les mères par les appels du bébé. La mère se lève alors, se disant que puisqu'elle est réveillée, mieux vaut laisser son conjoint dormir. Erreur. Si c'est son tour, il est préférable de réveiller le papa pour qu'il s'occupe du bébé. Ainsi son oreille s'habituera !

- Il est inutile, voire nuisible, de laisser pleurer un toute petit la nuit. D'abord parce qu'il est probablement réveillé par la faim, ce qui est légitime et douloureux. Ensuite parce que un bébé qui pleure de plus en plus se révèle de plus en plus difficile à calmer. Quelle que soit la raison des pleurs, mieux vaut aller voir ce qui se passe et faire ce qui est nécessaire pour soulager bébé. Solitude et détresse ne sont pas de bonnes bases pour construire la sécurité intérieure.
- Celui qui n'est pas de garde de nuit se couche de bonne heure et met des bouchons d'oreille.
- Si le bébé est nourri au biberon, il est plus facile d'alterner les gardes. Préparez tout ce qui est nécessaire pour le repas la veille au soir. N'oubliez pas que le bébé peut parfaitement boire ses biberons à température ambiante. Les chauffer est inutile (sauf s'ils sortent du réfrigérateur).
- Si le bébé est nourri au sein, le conjoint peut participer en allant chercher le bébé, en l'amenant dans le lit de la maman et en s'occupant du change, si bien que la maman n'a pas à se lever.
- Une fois l'allaitement bien en route, il n'y a aucun inconvénient à tirer assez de lait pour remplir un biberon que le conjoint donnera la nuit. Les liens entre lui et son bébé se renforcent, bébé s'habitue au contact de la tétine en caoutchouc dans sa bouche : que des avantages !

Différencier le jour et la nuit

Ce n'est que vers la fin du premier mois que le bébé montre les signes d'une différenciation entre le jour et la nuit. Ce processus s'installe spontanément en deux mois environ. Il s'agit d'un processus naturel dans lequel le bébé entre à son rythme et sans difficulté, pourvu qu'il ait été comblé jusqu'ici dans ses besoins de nourriture, d'attention et de tendresse.

Le bébé s'occupe seul du programme biologique, mais les parents ont un rôle à jouer dans l'apprentissage du programme « social ». Si l'enfant modifie l'organisation de son rythme et de son temps, c'est aussi parce que ses parents lui ont montré qu'il se passe beaucoup plus de choses intéressantes pendant la journée que pendant la nuit. Bébé comprend qu'il vaut donc mieux rester éveillé la journée et profiter de la nuit pour dormir.

Ce sont tous ces repères temporels qu'il importe de faire acquérir à l'enfant.

Voici quelques idées générales, à compléter et aménager selon la vie de chacun :

- Exposez votre bébé à la lumière le jour, et à l'obscurité quand c'est l'heure de dormir la nuit (l'été, il faut de bons volets ou des rideaux épais). Cela suppose que les siestes de jour se fassent avec la lumière du jour, à peine atténuée si besoin est. Quant aux interventions et aux repas de nuit, ils doivent se faire dans une presque pénombre.
- Le jour, on parle avec une voix normale, on se raconte des histoires, on fait des jeux, on s'éveille. Bébé est entouré des bruits quotidiens de la maison et de la rue. Le change est un moment de partage et de chatouilles. Au milieu de la nuit, on chuchote et on est avare de paroles. On évite toute stimulation. On reste avec bébé juste le temps nécessaire. Aussitôt nourri, bébé est recouché. Il n'est changé que si c'est indispensable.

De cette manière, il verra la différence et il comprendra vite qu'il n'y a aucun intérêt à se réveiller la nuit.

42 Entraînez-le *à faire ses nuits*

Les bébés qui pleurent pour avoir encore un biberon de nuit à huit ou dix mois sont des bébés à qui on a donné l'habitude d'en prendre un.

L'espacement des repas de nuit est le témoin qu'apprendre à faire ses nuits va devenir possible. Le bébé passe à un seul repas au milieu de la nuit, vers trois ou quatre heures du matin, puis il arrive à « tenir » entre le dernier biberon de vingt-trois heures et l'aube. Bien sûr, cette progression n'est pas continue. Il peut y avoir des retours en arrière avant que les bonnes nuits ne s'installent vraiment. Bébé s'endormait volontiers une fois repu et se réveillait à cause de la faim. Au second trimestre, bébé s'endort parce qu'il est fatigué et se réveille parce qu'il a assez dormi.

Dormir toute une nuit sans manger suppose que le bébé soit capable de maintenir ses réserves intérieures à un niveau suffisant. C'est difficile tant que le bébé n'a pas atteint l'âge de trois mois et le poids de cinq kilos. Il peut alors doucement passer à quatre repas par jour, espacés de quatre heures environ. C'est l'âge où bébé ne hurle plus pour avoir son biberon, mais signale qu'il a faim et se montre capable d'attendre un peu.

Une évolution progressive

Ces données sont approximatives : chaque bébé a son histoire, son tempérament et son rythme.

Pourtant les parents ont leur rôle à jouer. Pour que tout se passe bien, il est important que les parents ne commettent pas d'erreurs éducatives. Les bébés qui pleurent pour avoir encore un biberon de nuit à huit ou dix mois sont des bébés à qui on a donné l'habitude d'en prendre un.

Jusqu'à trois mois, le repas de nuit est un besoin. Y répondre est une évidence. Puis ce besoin disparaît spontanément. Si on n'accompagne pas l'enfant dans ce changement, le biberon demeure. **Après six mois, le biberon n'est plus un besoin mais une habitude**, dont il sera bien plus difficile de se passer. Si l'enfant se sent affamé la nuit, ce n'est pas parce qu'il a besoin de nourriture, mais parce qu'il est conditionné à en prendre à cette heure-là.

Pour le débarrasser de cette habitude, il suffit le plus souvent de régulariser les horaires des quatre ou cinq repas de jour, puis de diminuer progressivement (de 30 grammes par jour environ) la quantité de lait dans le biberon de nuit.

Si le biberon est donné sans aucun « bénéfice secondaire » (sans jouer avec le bébé par exemple), l'habitude lui en passe très vite.

Attention aux erreurs éducatives précoces

Les principales erreurs, à la période où bébé commence à espacer ses réveils, consisteraient donc :

- À laisser le bébé s'endormir sur le sein ou le biberon : c'est une association repas/sommeil qu'il chercherait à reproduire lors de ses éveils de nuit.
- À se précipiter dans sa chambre au premier cri, sans lui laisser une chance de trouver son poing à sucer, puis de se rendormir pour un nouveau cycle de sommeil.
- À continuer à donner un biberon-plaisir pour la douceur de ce moment partagé au milieu de la nuit, ou bien par une mauvaise interprétation de la demande de bébé.
- À garder bébé dans la chambre de ses parents lorsqu'il commence à faire ses nuits. S'il sent ses parents à ses côtés, le bébé réclame beaucoup plus facilement. Il ne comprend pas pourquoi ses parents, dont il sent la présence, ne réagissent pas comme d'habitude. C'est d'autant plus vrai que le bébé est allaité. Avec son odorat très fin, il sait tout de suite que maman est près de lui et que le lait est disponible. Un délai va l'énerver et un refus lui serait difficile à comprendre.

- Si bébé est allaité et qu'il appelle la nuit depuis sa propre chambre, mieux vaut que ce soit le conjoint qui se dérange, rassure bébé et lui demande de se rendormir jusqu'au matin. La maman, avec l'odeur du lait que le bébé connaît si bien, serait nettement moins efficace.

43 Planifiez *vos visites nocturnes*

J'essayais d'être la mère parfaite, une mère de magazine ou de publicité... Cela me rendait très anxieuse de mal faire. Quand j'ai compris que mon bébé en payait le prix par son sommeil haché, j'ai décidé de n'être que moi, avec mon amour et ma fatigue, mes compétences et mes limites... »
Une maman.

Aucune mère n'a à être parfaite, sous peine de compromettre le devenir psychique de son bébé. L'expression « mère suffisamment bonne » a été employée par les psychologues pour décrire la mère qui répond généralement de façon positive aux besoins de son bébé. Cela signifie qu'elle prend plaisir à être la mère de cet enfant-là, à le nourrir, à le câliner et à le changer, qu'elle répond à ses pleurs de faim, de douleur ou de solitude, qu'elle fait preuve de patience et de compréhension. Mais la « mère suffisamment bonne » n'est pas que douceur, tendresse et bonté. Elle est aussi capable de procurer à son enfant une certaine structure psychologique et même de lui fournir une dose optimum de frustration. Elle ne fait pas systématiquement pour lui des choses qu'il peut commencer à accomplir pour et par lui-même, comme se calmer par exemple.

La manière dont vous allez intervenir la nuit auprès de votre bébé va lui transmettre des messages très clairs sur votre anxiété, vos exigences, ce que vous attendez de lui. Mieux vaut ne pas se tromper...

Quand bébé dort

Comment vérifier que tout va bien sans déranger bébé ?

On ne compte pas les mères de nature anxieuse qui, après avoir enfin réussi à endormir leur bébé, retournent dans sa chambre vérifier qu'il dort bien, touchent doucement son cou pour être sûre qu'il n'a pas trop chaud, ne résistent pas au désir de déposer un petit baiser sur son crâne… et le réveillent.

Comment rendre compatible besoin de vérifier et sommeil de bébé ?

- Laissez la porte de sa chambre assez ouverte pour y passer la tête ou s'y glisser sans faire de bruit.
- Laissez la chambre dans la pénombre plutôt que dans l'obscurité, afin de ne pas avoir besoin d'allumer, ni même de changer la luminosité, pour voir si bébé respire correctement.
- Si bébé mouille souvent son lit, recouvrez le drap du dessous avec une serviette de toilette, ce qui vous évitera de refaire entièrement le lit au milieu de la nuit (vous retirerez la serviette sans déranger bébé). Étudiez la possibilité de doubler la couche-culotte d'une couche jetable rectangulaire.
- Si la maison est grande, procurez-vous éventuellement un interphone qui vous transmettra les sons en provenance de la chambre de bébé, où que vous soyez dans la maison.
- Réfrénez votre désir d'aller voir votre bébé toutes les cinq minutes. Si cela fait du bruit dans son sommeil, cela ne signifie pas qu'il ait besoin de vous. Lorsqu'il reste longtemps silencieux non plus !

Quand bébé crie et appelle

Il est deux heures du matin. Bébé, quatre mois, n'a plus de repas de nuit depuis une quinzaine de jours. Pourtant, il se réveille et crie.

Combien de temps allez-vous le laisser pleurer avant d'intervenir ?

Certainement pas longtemps, mais la durée précise dépend de plusieurs facteurs :

- Cela dépend des pleurs. Un pleur léger peut laisser penser que le bébé pleure en dormant, ou qu'il y a une chance pour qu'il se rendorme seul. Mieux vaut ne pas intervenir. Si les cris sont vigoureux et bébé manifestement très « remonté », le cas est différent !
- Cela dépend de bébé. Pour un bébé calme et facile, une durée de pleurs d'une ou deux minutes peut déjà sembler long. À un bébé qui a besoin de pleurer pour se détendre avant de dormir, on peut donner un peu plus de temps. Peut-être bébé est-il en train d'apprendre à faire des nuits complètes, ce qui est un élément important.
- Cela dépend de vous. Certains parents ne supportent pas d'entendre leur bébé pleurer et se sentent tenus d'intervenir très rapidement. D'autres admettent que les pleurs font partie de la vie des bébés, qui ne sont pas pour autant en péril.

Pour toutes ces raisons, il est impossible de définir une durée précise. Vous êtes, en tant que parents, les mieux placés pour comprendre les raisons des pleurs et juger quand il est bon d'intervenir.

Une seule certitude : ni bébé ni vous ne gagnerez rien à le laisser pleurer plus de cinq ou dix minutes sans un soutien ou une intervention.

Vous décidez d'intervenir

Vous allez jeter un regard discret pour vous assurer que tout va bien : pas de fièvre, pas de problème apparent. Vous posez doucement la main sur le ventre de votre bébé pour le rassurer et vous lui chuchotez une petite phrase affectueuse.

Il est très étonnant de voir un bébé, perdu au milieu de ses cris, s'arrêter soudain de pleurer et tourner sa tête vers vous, simplement parce que vous l'avez appelé par son prénom et que vous avez commencé à vous adresser à lui en lui parlant doucement.

Vous pouvez aussi vous servir des sons que vous faites avec votre bouche pour endormir votre bébé dans son lit. Suivez son rythme respiratoire, puis ralentissez très lentement, avec des « chuuuuut », des « rrrrr » ou des inspirations et expirations audibles.

Si vous ne comprenez pas la raison des pleurs, que votre bébé n'est manifestement pas malade et qu'il vous semble que vous ne pouvez rien faire pour l'apaiser, asseyez-vous à côté de son lit et posez une main sur lui en parlant doucement. Il sera rassuré sur votre amour et votre compassion. Vous lui aurez au moins donné l'image d'un monde où l'on n'appelle pas à l'aide en vain. Mais évitez de le prendre dans vos bras et de rendre ces réveils de nuit agréables pour lui, si vous ne voulez pas qu'il en prenne l'habitude. Votre bébé est trop jeune pour que vous puissiez en faire un enfant gâté, mais il est assez grand pour adopter des habitudes. Autant que celles-ci soient les bonnes !

Puis vous retournez vous coucher.

chapitre 6

L'éducation au sommeil : de six mois à un an

44 Ne confondez pas *faim et éveils de nuit*

Des moments d'éveil léger sont normaux et fréquents au cours de la nuit. La difficulté survient lorsque le bébé ne parvient pas à se rendormir tout seul.

Nous avons vu comment fonctionnait le sommeil : une succession de cycles d'une heure trente environ, où alternent sommeil léger, sommeil profond et sommeil paradoxal.

Des éveils légers normaux

À la fin de chaque cycle, nous traversons une phase très proche de l'éveil. Le « bon dormeur » ne s'en rend pas compte. Ces moments de « presque éveil » ne durent que quelques minutes et ils s'allongent au fil de la nuit. Si nous entamons un nouveau cycle, nous ne garderons aucun souvenir de cette phase de semi-réveil. Mais c'est un moment délicat où l'éveil véritable est facile. Il suffit d'une quelconque perturbation pour venir tirer le dormeur de son sommeil : que ce soit un bruit extérieur ou une préoccupation intérieure. Un éveil à ce moment-là peut se prolonger pendant toute la durée d'un cycle : impossible de se rendormir avant le début du cycle suivant.

L'enfant, au second semestre de vie, a un sommeil semblable au nôtre. Ces micro-réveils surviennent régulièrement. Ils ne sont pas provoqués par la faim, mais par le cerveau lui-même.

Si votre enfant se met à crier dans son lit, et que cela dure, il se peut qu'il ressente une petite faim, ou qu'un biberon le calme, mais cela ne signifie nullement que la faim l'a réveillé.

Parallèlement, le bébé devient plus sensible à l'ambiance, aux habitudes et aux contrariétés. Il est désormais capable de lutter contre le sommeil, même s'il est très fatigué. Dans ce cas, il s'énerve et l'endormir devient plus difficile. Il a compris que ne pas s'endormir tout de suite lui permet d'obtenir un peu plus d'attention de ses parents.

Répondre par un repas

Vers six mois, le bébé fait normalement ses nuits et n'a plus besoin d'un repas supplémentaire entre celui du soir et celui du matin. Si ce n'est pas le cas, il est temps de se demander pourquoi : Bébé a-t-il vraiment faim ou s'agit-il d'une habitude qu'il ne veut pas lâcher ?

Comment peut-on l'amener doucement à y renoncer ?

Si le bébé est encore allaité, il faut être attentif au fait qu'il ne s'endorme pas au sein. Le sein n'est pas une tétine, et maman n'est pas un doudou. Il se réveille la nuit parce qu'il cherche à retrouver, pour se rendormir, les conditions qui ont permis qu'il s'endorme le soir.

Si bébé est encore allaité la nuit, ce n'est pas le lait qu'il réclame, mais la présence de sa maman. Répondre systématiquement au réveil nocturne de son bébé par une mise au sein ou par un biberon, c'est se tromper de message. Quelle que soit l'efficacité de la méthode, elle ne peut avoir que des effets pervers :

- Cela entretient l'habitude d'être nourri la nuit. L'estomac réclame donc avec insistance. L'attitude inverse est préférable : habituer bébé à boire de moins en moins la nuit.
- Cela installe l'idée que bébé a besoin de ses parents pour se rendormir et qu'il n'est pas capable de se débrouiller seul.

Un bébé qui, au moment des micro-réveils signant le passage d'un cycle à l'autre, s'éveille complètement et crie au lieu de se rendormir n'est pas un enfant en détresse. C'est :

- soit un enfant à qui on a enseigné le plaisir de se voir la nuit ;
- soit un enfant à qui on n'a pas appris à s'endormir (et se-rendormir) seul.

45 Respectez *les trois règles de base*

Avant un an, les bonnes habitudes sont faciles à prendre. D'autant qu'elles ne sont pas encore nécessaires. Elles seront très précieuses pour la suite. Le bébé n'a pas de point de vue sur la question et vous fait confiance : profitez-en !

Il n'existe que trois règles de base à appliquer dans le coucher des petits bébés. Elles deviennent vraiment importantes passé l'âge de trois mois et le resteront ensuite.

Que le bébé s'endorme à l'endroit où il se réveillera

Imaginez : vous vous endormez dans votre lit et vous vous réveillez sur le canapé du salon. Entre les deux, aucun souvenir. Il y a de quoi être perturbé. Si cela se reproduit souvent, il y a même de quoi se retrouver insomniaque. C'est pourtant exactement l'expérience qu'on fait vivre à un enfant lorsqu'on le laisse s'endormir dans les bras de son papa ou dans le lit de ses parents et qu'on le pose dans son lit alors qu'il dort déjà. Quelques heures plus tard, en plein milieu de la nuit, il se réveille dans un autre cadre, dans un autre lit que celui qu'il avait mémorisé. Il se sent perdu et appelle à l'aide.

Si le bébé est calme, content, dans les bras de ses parents, puis qu'il proteste un peu lorsqu'ils le couchent dans son berceau lorsqu'est venu le moment de dormir, il est préférable qu'ils résistent au désir de le reprendre immédiatement. Il suffit parfois de deux ou trois minutes pour que le bébé se fasse à la situation. Il ne s'agit pas de le laisser hurler : ce n'est pas souhaitable, et souvent contreproductif, de laisser pleurer plus de cinq ou dix minutes, sans lui venir en aide, un petit bébé de moins de six mois.

Que l'endormissement ne rende pas le bébé dépendant d'objets ou d'actions spécifiques

Certains bébés sont habitués à s'endormir :

- au son de la mélodie de leur boîte à musique ;
- en regardant tourner le mobile au-dessus de leur tête ;
- en étant bercé ou caressé par papa ou maman ;
- au sein, etc.

Tout cela est très sympathique et peut effectivement aider à l'endormissement. C'est le principe de l'apprentissage conditionné. Une certaine musique est associée plusieurs fois au fait d'être dans son lit et de ressentir de la fatigue parce que c'est l'heure de dormir. Au bout de quelque temps, le seul fait d'entendre la musique, par association, aidera l'enfant à plonger dans le sommeil.

Seul problème : de la même façon que la musique facilite le sommeil, le sommeil a besoin de la musique. Or, lorsque l'enfant se réveille naturellement comme il le fait plusieurs fois au cours de la nuit, il est incapable de remettre tout seul en marche sa boîte à musique. Ne pouvant se rendormir, il appelle.

On retrouve la notion d'autonomie abordée précédemment. **Toute habitude de sommeil qui rend l'enfant dépendant de l'adulte est à éviter**. Rendre l'enfant, si petit soit-il, indépendant dans son sommeil, c'est ne pas associer au fait de s'endormir des actions qu'il ne pourrait pas reproduire lui-même.

Que l'enfant s'endorme seul

Dès le plus jeune âge, il est important que les parents prennent l'habitude de sortir de la chambre où l'enfant est couché avant qu'il ne s'endorme. Il est tout à fait inutile de rester à côté de bébé, en lui chantant des berceuses, en lui tenant la main ou lui caressant le dos. Toutes ces attitudes tendres ont un rôle à jouer dans la relation et dans la douce chaleur du moment de la mise au lit. Mais il est préférable que les parents n'attendent pas pour arrêter et laissent l'enfant seul avant qu'il soit endormi.

La première raison nous ramène au point précédent. Si maman est là, à me caresser la main, quand je m'endors, je m'habitue vite à avoir besoin de sa main pour m'endormir. Chaque fois que je me réveillerai, je l'appellerai pour qu'elle vienne me prendre la main ou me tenir à nouveau compagnie jusqu'à ce que je retrouve le sommeil. Vu le plaisir d'avoir maman toute à moi au milieu de la nuit, je vais faire mon possible pour la retenir...

La seconde raison est davantage d'ordre psychologique. Laisser l'enfant seul trouver son sommeil, c'est lui signifier :

1. qu'il n'a rien à craindre de la solitude, ni de la nuit ;
2. qu'il est tout à fait capable de se débrouiller et qu'on lui fait confiance.

Ce comportement parental est celui qui transmet le moins d'anxiété à l'enfant. Sentant que ses parents sont tranquilles à l'idée de le laisser s'endormir seul, il se sent lui-même en sécurité.

Si votre bébé se réveille au milieu de la nuit (ce qui ne manque jamais d'arriver), aucun problème. La chambre est dans la même situation que celle à laquelle il est habitué le soir : seul, dans son lit, dans sa chambre, dans l'obscurité. C'est une situation qu'il connaît, dans laquelle il sait comment faire pour s'endormir. Bébé n'a pas besoin de vous appeler.

Dernière raison : un jour vient où tout petit enfant est rattrapé par la peur de l'obscurité. Celui qui a déjà construit la confiance en lui et qui sait gérer ses nuits est beaucoup mieux armé lorsque cette période survient.

N'oubliez pas que votre tâche de parent ne consiste pas à « faire dormir » votre enfant, mais à **créer les conditions favorables à son endormissement**. Il a besoin de vous pour l'accompagner au lit et se sentir en sécurité dans sa chambre. S'endormir lui appartient.

46 Établissez *des habitudes de coucher*

L'atout maître dans l'installation d'un bon sommeil tient en deux mots : routine et habitudes. Mieux l'enfant connaîtra l'enchaînement des événements, mieux il anticipera le suivant et s'y pliera volontiers. Il a maintenant l'âge idéal pour cela.

Plus encore qu'au cours du semestre précédent, il convient d'apprendre à bébé comment s'endormir tout seul, une fois mis au lit.

Fixez une heure de coucher

L'heure du coucher de votre bébé est à déterminer en fonction de l'heure du passage du « marchand de sable ». Frottement des yeux, bâillement, ralentissement de l'activité : ce moment n'est pas difficile à repérer.

Il est plus facile d'endormir un enfant en suivant un horaire de coucher régulier. S'il est couché tous les soirs à huit heures, par exemple, son organisme le sait et se prépare à se mettre en sommeil lorsque l'heure arrive. Régularité et petites habitudes sont d'une grande aide.

Bien sûr l'horaire que vous avez fixé pour le coucher n'a pas à être absolument rigide. Mais plus il sera régulier et mieux votre enfant s'endormira.

Toute la difficulté consiste à concilier l'horaire biologique d'endormissement avec les exigences sociales. Rappelez-vous que le rythme interne de votre bébé est plus important pour la suite des événements que vos horaires de travail.

Un conseil : n'attendez pas qu'il soit épuisé en vous disant qu'il s'endormira mieux. C'est le contraire qui risque de se passer : trop de fatigue énerve.

Accompagnez votre enfant au lit

Tout est dans la douceur de ce moment...

Une demi-heure avant la mise au lit, vous pouvez commencer à transformer l'ambiance de la maison, pour faire comprendre à l'enfant que l'heure du repos approche. C'est le moment de baisser les lumières ou de fermer les stores, d'éteindre la télévision, de passer une musique douce, de faire un câlin...

Veillez au confort de votre enfant : pyjama et turbulette confortables, température et degré d'humidité suffisants, etc.

Vient alors le temps de la petite routine de mise au lit, pas trop longue (dix à quinze minutes suffisent en général). Quand bébé est prêt à aller se coucher, on peut le prendre sur ses genoux pour feuilleter ensemble un petit livre et coucher au pied du lit les peluches qui vont elles aussi « faire dodo ». Ou toute autre activité paisible et tendre : massage, berceuse, etc.

Sortez avant qu'il dorme

À la fin du rituel :

- On explique au bébé qu'il est l'heure de dormir et on le couche dans son petit lit.
- On glisse près de lui son objet favori, peluche ou doudou.
- On lui chante une petite berceuse (ou bien on fait tourner la boîte à musique, mais c'est moins joli !).
- On murmure une phrase magique dans le creux de l'oreille de bébé, toujours la même, quelque chose comme : « Tu peux dormir maintenant, tout va bien, papa et maman sont là. À demain, dors bien. »

Puis, sur un dernier baiser, on sort de la chambre. Si bébé proteste, on revient, on dit une chose rassurante : « Tu vas bien, dors maintenant », et on ressort aussitôt. On ne le prend plus dans ses bras, on ne le ressort plus de son lit. Si possible, on n'intervient plus.

N'oubliez pas que, si certains bébés ont besoin pour s'endormir de babiller un peu dans le noir, d'autres ont besoin de pleurer quelques minutes pour se détendre et amener le sommeil.

47 Intervenez à bon escient *s'il a du mal à s'endormir*

« J'ai vite compris, en en parlant avec la pédiatre, que la question principale était : suis-je prête ? Est-ce que je choisis d'être indispensable à mon bébé ou est-ce que je lui apprends à s'endormir sans moi ? » Une maman.

Certains enfants entre huit mois et un an ont bien du mal à s'endormir le soir. Une fois mis au lit, ils crient et appellent jusqu'à ce que papa ou maman revienne. Un début d'angoisse de séparation, les prémices d'une relation plus complexe...

Les questions à se poser

Bébé est couché... Mais il n'a pas l'air décidé à s'endormir. Il réclame vigoureusement. Un coup d'œil, un petit câlin, on s'assure que tout va bien, on ressort de la chambre… et cela recommence.

Voici quelques-unes des questions que vous pouvez vous poser pour mieux comprendre la situation.

- Mon bébé est-il confortablement installé ? Est-il possible qu'il ait trop chaud, que l'air soit trop sec, qu'il ait le nez bouché ou mal quelque part ?
- A-t-il eu le temps de présence et de participation à la vie familiale dont il avait besoin ? L'échange du soir s'est-il bien passé ?
- Est-ce que je lui ai donné de bonnes habitudes de sommeil (mise au lit régulière, endormissement sans dépendance d'une présence, d'un geste, respect des petits rites, bon choix de l'heure de sommeil, etc.)
- Est-ce que je lui fais confiance pour se débrouiller seul la nuit ?

- Est-ce que je sens que mon bébé commence à me « manipuler » ? Dans ce cas, ai-je envie d'être ferme ou bien est-ce que je prends du plaisir moi aussi à « jouer les prolongations » ?

Savoir quand intervenir

La première règle est celle-ci : laissez votre bébé tranquille tant qu'il ne vous demande rien et qu'il s'occupe en paix. La seconde : s'il vous appelle, avant d'intervenir, donnez-lui une chance de trouver seul la solution à son problème. La sagesse parentale consiste souvent, avec un tout petit, à savoir faire la différence entre les moments où il est indispensable d'intervenir rapidement, ceux où l'on peut différer et ceux où le mieux est de ne pas intervenir (même si cela demande un certain courage).

Le bébé sait développer de multiples techniques pour se calmer seul et trouver le sommeil.

- Il sait sucer son poing, puis son pouce. C'est la technique la plus répandue, fort efficace car elle satisfait également le besoin de téter, qui est important.
- Il sait regarder autour de lui et se laisser entraîner dans la rêverie par ce qui capte son regard, ce qui bouge.
- Il sait se bercer en se balançant tout seul, selon un certain rythme, apaisant.
- Il sait trouver des gestes qui lui font du bien : frotter son oreille ou son nez, caresser la couverture, frotter le drap entre le pouce et l'index, etc.
- Il sait maintenant se servir de son doudou, enfouir son nez dedans et y trouver la paix et la consolation.

Éviter l'installation d'un trouble du sommeil

Il est évident qu'il y a des soirs plus difficiles que d'autres. Pour éviter qu'un trouble du sommeil ne s'installe, il suffit le plus souvent de faire preuve de vigilance. En étant attentif, on voit bien lorsque les mauvaises habitudes commencent à s'installer.

Pour bébé, une expérience ou deux, si elles ont été plaisantes, suffisent pour développer une habitude. Par exemple si un rhume vous a contraint à intervenir auprès de votre bébé deux ou trois nuits de suite, il considère que cela doit se reproduire systématiquement, même une fois le rhume guéri.

C'est donc aux parents de remettre vite les bonnes habitudes en place : **bébé s'endort seul dans son lit, d'une manière qui ne dépend que de lui.**

Pour aider bébé à reprendre son rythme et à retrouver son bon sommeil, il suffit souvent de :

- régulariser sa vie en lui donnant un rythme calme, régulier et prévisible, aussi bien dans la journée que le soir ;
- le coucher à heures fixes, en respectant un petit rituel ;
- supporter quelques protestations, en le rassurant de la voix, tranquille et ferme ;
- lui faire confiance et se faire confiance en tant que parents, tenir le cap et entourer le bébé de beaucoup d'affection.

Et d'éviter de :

- lui donner un sirop calmant pour ne plus l'entendre ;
- revenir systématiquement dans sa chambre ;
- l'endormir...

48 Prenez garde *aux associations de so*

Un enfant qui n'est pas capable de s'endormir s ne sera pas non plus capable, lors d'un micro-éve de nuit, de se ré-endormir.

On appelle associations de sommeil les éléments que l'on assoc à l'endormissement. Devenus habituels, ils sont indispensables au ré-endormissement.

Des gestes rassurants

Nous avons tous, adultes comme enfants, des associations de sommeil. L'un s'endort en écoutant la radio. Un autre a besoin du noir complet. Un autre ne peut s'endormir sans avoir pris une tisane, ou tapoté son oreiller, ou avoir résumé sa journée dans sa tête, ou lu quelques pages. Ces associations sont différentes pour chacun. Elles ont en commun de nous permettre de nous endormir facilement.

Cela montre qu'à tout âge dormir peut être compliqué. Passer du monde du jour, avec ses activités, ses relations, au monde de la nuit, en se laissant glisser, engloutir par le sommeil, peut nécessiter quelques rituels rassurants.

Mais un piège pour les parents

Les parents veulent que la mise au lit se passe au mieux, que bébé s'endorme tranquillement. Bien intentionnés, ils vont mettre en place les meilleures conditions pour que bébé s'endorme.

’habitude d’endormir leur enfant :

a mèche de cheveux de maman ;
;
c.

ège ? Pendant les trois premiers mois, cela
ce, mais après six mois, l’enfant s’habitue à ce
ui devient vite indispensable.

ois problèmes :

confie l’enfant ou qu’on le fait garder, comment la
ne qui remplace les parents peut-elle offrir les mêmes
tions ? Demandez aux puéricultrices de crèche ce qu’elles
sent des bébés habitués à s’endormir dans les bras...

que l’enfant se réveille la nuit, il s’inquiète de ne pas retrouver le même lieu, la même situation que lorsqu’il s’est endormi. Imaginez que vous vous endormiez dans une chambre et que, vous réveillant vaguement vers trois heures du matin, vous vous trouviez dans une autre, ne seriez-vous pas inquiet ? Si à votre semi-réveil votre conjoint n’était plus là, ne serait-ce pas une raison pour vous réveiller totalement ?

- Il va rechercher les mêmes conditions pour s’endormir à nouveau. S’il s’est endormi dans les bras, il va les réclamer. S’il a eu sa musique, il va falloir la remettre, de même que la tétine. Le lit de bébé est sans doute moins confortable que les bras de papa. Mais papa est-il prêt à se relever trois, quatre ou cinq fois par nuit pour rendormir bébé dans ses bras ?

Faire un bilan

Observez votre bébé. Relevez quelles sont les associations de sommeil que vous avez mises en place et qui semblent lui être devenues nécessaires pour s’endormir. Celles qu’il recherche à nouveau la nuit. Il est temps de les modifier au besoin :

• supprimez celles qui impliquent la présence de l'adulte.
• ne valorisez que des associations où l'enfant est autonome.

Si, à chaque appel ou cri de votre bébé, vous continuez à vous précipiter pour lui offrir vos bras, le sein ou une tétine, vous allez au-devant de difficultés. Au lieu de développer chez l'enfant le sens de la confiance et de l'estime de soi que l'on tire du fait d'être capable de s'occuper de soi et de se débrouiller, vous en faites un bébé demandeur et dépendant, qui croit avoir besoin de vous à chaque instant pour se sentir bien.

49 Repérez *l'angoisse du huitième mois*

« Noémie s'est réveillée vers vingt-trois heures et m'a appelée. La baby-sitter est allée dans sa chambre. Noémie s'est mise à hurler. Noémie ne s'est pas rendormie avant notre retour, vers minuit. Dans les trois semaines qui ont suivi, Noémie, qui dormait si bien, s'est réveillée chaque soir vers vingt-trois heures, en hurlant. Elle ne se calmait qu'après avoir vu que j'étais bien là. »

Une maman.

Angoisse du huitième mois, c'est le nom que l'on donne à cette phase du développement de l'enfant. Le ressenti anxieux est plus ou moins repérable. À cet âge, autour de huit mois, le bébé comprend que sa maman, lorsqu'elle le quitte, continue à exister quelque part, mais loin de lui. Ce qu'il a d'autant plus de mal à accepter qu'il n'est pas encore sûr qu'elle revienne.

Il fait également mieux la différence entre ceux qu'il connaît, les familiers, et ceux qu'il ignore, qu'il se met à craindre. C'est pourquoi la peur de l'étranger survient en même temps que la peur de se séparer de maman.

Cette étape est nécessaire. Elle joue un rôle important dans le développement intellectuel et affectif de l'enfant. Ce n'est pas un « problème » dont il s'agit de se débarrasser. Pour autant, il est compréhensible que cette angoisse ait des répercussions sur la séparation du soir, lors de la mise au lit.

L'intensité de cette période d'angoisse varie selon les enfants. L'inquiétude normale que l'enfant de cet âge commence à ressentir dure quelques mois, puis diminue progressivement. Lorsqu'il aura appris à communiquer, à parler, lorsqu'il aura acquis de la confiance en lui, l'enfant saura faire face à l'inconnu et à la séparation temporaire d'avec ses parents.

Comment réagir ?

Encouragez le sens de l'indépendance

Cela a commencé dès la naissance, lorsque vous avez aménagé pour votre bébé un coin à lui, où il peut rêver, jouer et évoluer en toute liberté. N'hésitez pas à le laisser seul de temps en temps, en l'accompagnant de votre voix. Si votre bébé se déplace, laissez-le évoluer dans la maison et s'éloigner de vous sans votre contrôle direct. Surveillez, mais n'intervenez que lorsqu'il demande votre aide ou se met en danger.

Jouez à cache-cache

Dès cinq mois, bébé adore ce jeu qui consiste à cacher brièvement son visage derrière ses mains, puis à les écarter en lançant « Coucou ! » Ensuite, on se cache derrière un rideau, ou une porte. Quand l'enfant se déplace seul, on joue au vrai cache-cache, en se glissant derrière un fauteuil, facile à découvrir.

Ces jeux apprennent à l'enfant que l'on peut se séparer en s'amusant, dans la certitude de se retrouver.

Habituez votre bébé à voir du monde

Si votre foyer bruisse souvent de rires, de rencontres, d'amis, de petits cousins, votre bébé aura moins peur des étrangers. Il aura pris l'habitude de passer de main en main et de jouer avec chacun. Ce n'est pas pour autant qu'il cessera de crier à l'approche du facteur ou de toute personne en uniforme...

Habituez votre bébé à la séparation et au changement...

Tout enfant a besoin d'avoir des contacts avec d'autres adultes et d'autres enfants. Le confier quelques heures à une baby-sitter experte, une journée à une voisine ou une halte-garderie accueillante, quelques jours à une grand-mère bienveillante, seront des expériences enrichissantes qui lui apprendront à vous quitter sans angoisse.

... mais ne le forcez jamais

Ne permettez pas à une personne inconnue de l'enfant de s'approcher de votre bébé ou de le prendre dans ses bras sans qu'elle ce soit auparavant fait accepter de lui. Ne forcez jamais votre enfant à aller vers une personne inconnue, ou quelqu'un qui l'effraie, tant qu'ils n'ont pas eu le temps de faire largement connaissance et de s'apprécier mutuellement. La manière forte n'est jamais bonne dans ce genre de situation.

Prenez garde à vos propres émotions

Le petit enfant est très habile pour percevoir ce que ressent sa maman et y réagir. Vous êtes triste de le laisser ? Il le sent. Si ses pleurs vous culpabilisent, cela ne fait que renforcer son inconfort. Il comprend que vous hésitez à le laisser ? Il crie de plus belle. L'enfant ne doit pas sentir qu'il peut vous influencer. Alors gardez un ton calme, rassurant, pour lui dire que vous l'aimez, qu'il va bien s'amuser et que vous reviendrez bien vite.

N'employez pas une nouvelle baby-sitter ces temps-là

À moins que vous ne l'ayez présentée à votre bébé avant qu'il s'endorme et qu'ils aient eu le temps de faire tranquillement connaissance.

Évitez les grandes séparations dans sa vie

De préférence, sachez que ce n'est ni le moment de partir en vacances sans votre bébé, ni le moment de reprendre votre travail ou de changer bébé de mode de garde, à moins de se donner le temps d'une longue adaptation.

Faites du moment du coucher un temps spécialement agréable et rassurant

Rappelez à votre bébé que, pendant qu'il dort dans sa chambre, vous restez, votre conjoint et vous, au salon, puis que vous irez aussi dormir dans votre chambre.

Dites-lui, et répétez-lui s'il crie et vous rappelle : « Je suis là, je t'aime, on se revoit demain. » Mais résistez à l'envie de rester à côté de votre bébé jusqu'à ce qu'il s'endorme, car il prendrait une habitude dont il aurait du mal à se défaire.

Comment sortir le soir ?

Il fut un temps où vous pouviez emmener votre bébé chez vos amis, au restaurant, en sortie : il dormait partout tranquillement, dans le porte-bébé contre vous ou dans son couffin. Ce temps-là est terminé. Du jour où bébé fait ses nuits, son sommeil devient plus fragile et plus sensible aux dérangements et aux modifications d'habitudes. Pour que l'enfant trouve son rythme de sommeil et dorme bien dans la durée, il est préférable de lui assurer des horaires stables, une façon de faire presque routinière. Ce qui serait ennuyeux pour les parents est rassurant pour l'enfant.

Cela ne veut pas dire que les parents ne doivent jamais sortir le soir. Il est au contraire important de se détendre et de reprendre une vie sociale et amicale, tantôt ensemble tantôt séparément, pour s'aérer, faire du sport, etc. Mais il devient nécessaire, pendant quelques temps, de modifier ses habitudes en fonction du bébé.

Il y a plusieurs solutions :

- aller au cinéma à tour de rôle, se faire une soirée « copines » en laissant le papa de garde à la maison, puis on inverse, etc ;
- inviter les amis à la maison plutôt que d'aller chez eux avec bébé ;
- faire appel à une baby-sitter, jeune fille du quartier, voisine serviable ou grand-mère de bonne volonté, que votre enfant connaît.

50 Faites *une place au doudou*

Doudou, néné, nainain... Il n'y a pas de bons ou de mauvais doudou... mais il y en a de plus pratiques que d'autres !

On a vu que vers sept ou huit mois le bébé réalise qu'il est une personne distincte de sa maman et de son papa. Celle-ci ou celui-ci peut donc ne pas être toujours disponible, se séparer de lui, voire disparaître plusieurs heures. Même lorsque ses parents sont là, il y a tous ces moments où l'enfant est au lit, seul dans sa chambre. C'est à cette période que le bébé va développer un attachement très fort à un objet (tissu, peluche, poupée, ou autre) dont le rôle sera de le consoler, de l'aider à supporter la solitude ou de l'aider à s'endormir. L'enfant va choisir cet objet et s'y attacher au point de ne plus vouloir s'en séparer. **Le doudou l'aidera à lutter contre l'angoisse de séparation**. Au bout de quelques mois (ou quelques années), l'objet finira sale, en lambeaux, laid, mais toujours adoré.

L'objet transitionnel des psychologues

Le doudou, que les professionnels appellent l'« objet transitionnel », ne remplace pas la mère : il met l'enfant en situation de supporter son absence tout en gardant le contact avec elle. Il ne doit sa force symbolique qu'à la présence d'un lien étroit et régulier avec la mère.

Certains enfants remplaceront la possession d'un objet par un mouvement rituel : faire boulocher un lainage, se frotter le nez ou tortiller ses cheveux, sucer son pouce ou se balancer rythmiquement. Tous ces comportements différents sont absolument normaux. Ils doivent être respectés, car ils aident l'enfant à grandir et à trouver son autonomie.

Les règles qui président au choix de l'objet sont assez mystérieuses. Parmi tous ceux qui remplissent son lit, l'enfant va s'attacher à un particulièrement. Souvent à l'insu des parents, qui comprendront après coup que tel oreiller ou telle peluche est devenu indispensable lorsque l'enfant insistera pour l'emmener partout. On peut seulement dire que les sens de l'odorat et du toucher interviennent certainement de façon prépondérante dans la préférence pour le doudou, dont le choix reste totalement subjectif.

Il n'y a pas de bons doudous, mais il y en a de plus pratiques que d'autres :

- ceux que l'on peut se procurer en double (très utile en cas de perte) ;
- ceux qui passent à la machine (l'enfant n'aime pas, car le doudou perd son odeur, mais c'est parfois indispensable) ;
- ceux que l'enfant peut facilement retrouver dans l'obscurité de son lit ;
- ceux qui, pas trop volumineux, tiennent dans le sac à main, etc.

Quelques conseils sur le mode d'emploi du doudou

- **Le doudou réconforte, console et donne du courage.** Il est indispensable en cas de chagrin, de coup de fatigue, mais aussi d'événement difficile, comme la visite chez le médecin par exemple. Il ne faut jamais l'oublier quand on dépose l'enfant chez la nourrice ou chez sa grand-mère.
- Vous pouvez inciter votre bébé à choisir un doudou pratique, comme une couche tissu ou une petite taie d'oreiller, en en mettant toujours une sous sa tête, dans son petit lit. Avec un peu de chance, il s'y attachera.
- Habituez dès le départ votre bébé à ce que son doudou soit lavé régulièrement.
- Ayez l'œil sur le doudou lors de vos déplacements. Perdre son doudou est pour certains enfants un vrai drame dont ils se souviennent encore à l'âge adulte. Vous l'éviterez en cousant sur le

tissu ou en attachant au cou de la peluche un morceau d'extra-fort avec votre numéro de téléphone écrit au stylo indélébile.

- Votre bébé s'est attaché à un drap ou à une couverture qu'il traîne partout. Coupez-le en quatre : le morceau sera d'une taille suffisante pour son usage, plus facile à transporter et remplaçable en cas de perte.
- Dès que le choix de votre bébé s'est porté sur un objet précis, préoccupez-vous de vous en procurer un autre identique. Ne tardez pas : certaines peluches ou poupées de chiffon peuvent cesser d'être fabriquées l'année d'après. Puis donnez à votre bébé tantôt l'une, tantôt l'autre. Ainsi l'état d'usure des deux sera similaire et bébé acceptera volontiers le remplacement.
- Certains enfants sont peu fidèles à leur doudou, d'autres, au contraire, y sont très attachés. Ce n'est pas aux parents de décider de l'usage qui doit être fait de cet objet, ni du moment où il convient de s'en débarrasser. Cela se fera tout seul, lorsqu'il aura perdu son rôle de soutien affectif. Cette relation unique que l'enfant développe avec son doudou doit être respectée, quelle que soit la forme qu'elle prend.

Le doudou, choisi entre l'âge de six et douze mois, entame une histoire d'amour qui durera entre quatre et six ans. Mais il n'est pas rare de voir des enfants de dix ans, voire des adolescents, dormir encore avec leur vieil ours en peluche ou leur lange en lambeaux.

51 Supportez *les pleurs de protestation*

Ces pleurs ne relèvent pas du caprice, mais témoignent souvent d'une revendication légitime à cet âge. Faut-il pour autant les satisfaire ?

C'est souvent vers neuf ou dix mois que se mettent en place des difficultés d'endormissement. Le bébé qui jusque-là s'endormait calmement, repu par son dernier biberon, proteste vigoureusement lorsqu'il est mis au lit et laissé seul dans sa chambre.

Quelles sont les causes de ces cris ?

L'enfant de cet âge a clairement conscience de son existence et entretient des rapports déjà complexes avec ses proches. Toute séparation lui est pénible et la mise au lit est vécue comme telle. Il sait que son bien-être dépend entièrement d'autres êtres humains sur lesquels il a peu de prise, hormis par ses cris. La séparation du soir et l'endormissement deviennent alors des moments très délicats pour lui.

S'il est gardé toute la journée à l'extérieur de la maison, ne retrouvant son père ou sa mère que vers six ou sept heures le soir, il vit très difficilement d'en être séparé de nouveau une heure plus tard. Si l'un des parents rentre plus tard que l'heure de son coucher, il fera tout pour l'attendre. Il sait aussi que la vie de la famille continue, dans une autre pièce, et supporte mal d'en être tenu à l'écart.

Que faire ?

Toute la difficulté consiste à concilier la compréhension, visant à donner à l'enfant les échanges affectifs dont il a besoin, et une certaine fermeté. Le bébé doit aussi apprendre à s'endormir. Le relever ou lui tenir compagnie chaque fois qu'il proteste risquerait d'aboutir à une multiplication des appels et des réveils nocturnes.

- Il importe d'être attentif à l'heure où « le marchand de sable » passe. Cette heure, sensiblement la même chaque soir, est celle où l'enfant s'endormira le mieux. Elle dépend en partie de l'heure de fin de sieste.
- Une heure de coucher « raisonnable » est celle qui tient compte du temps que chaque petit enfant a envie de passer le soir avec ses parents. Temps de rencontre, de jeux, de câlins, et pas seulement temps de repas ou de bain. Il n'est pas bien grave de ne coucher l'enfant qu'à neuf heures, dans la mesure où il peut dormir comme il veut pendant la journée.
- Le moment de la mise au lit doit être rassurant, calme et apaisant pour l'enfant, facilement excitable. Plutôt que de l'endormir dans ses bras, en sollicitant son attention, mieux vaut le laisser au calme dans son petit lit dans son environnement de sommeil habituel. S'il s'y sent en sécurité, il peut attendre seul, calmement, que vienne le sommeil.
- Pour aider le bébé à faire face à l'angoisse de séparation caractéristique de cet âge, il est bon de mettre en place un rituel du coucher. Un quart d'heure de gestes habituels, reproduits chaque soir, détendent et sécurisent l'enfant.
- Enfin, n'oublions pas la peluche aimée ou le « doudou », tellement rassurants contre la solitude.

Les pleurs sont plus faciles à supporter lorsqu'on leur donne du sens. Encore une fois, il ne s'agit pas de laisser pleurer son bébé pendant des heures, mais de lui faire comprendre que la nuit est faite pour dormir et non pour jouer.

chapitre 7

L'éducation au sommeil : de 1 à 3 ans

52 Mettez *des limites avec gentillesse*

Les petits enfants aiment tellement la compagnie de leurs parents qu'ils ne s'en passeraient jamais. Et plus leurs parents sont gentils, plus ils les réclament !

Tout tient en ces quelques mots : bébé a bien mangé, il est en bonne santé. Donc s'il proteste, le soir ou la nuit, ce n'est pas pour un repas supplémentaire ou pour un autre besoin impérieux, mais pour vous voir davantage.

Une demande insatiable

Votre grand bébé a le désir de passer tout son temps dans vos bras ou à vos côtés. Il adore vos sourires et vos bavardages. Sa demande est sans fin. Plus il vous sent proche, plus il vous réclame ardemment. Plus vous jouez avec lui, plus il demande du temps de jeu. Il espère et s'attend à ce que toute sa vie soit comme ces moments si agréables que vous partagez lorsque vous vous consacrez à lui.

Comment comprendrait-il que vous acceptiez de jouer à 19 heures, mais plus à 20 heures ou à 4 heures du matin ?

Il est parfaitement naturel qu'un petit enfant proteste lorsqu'on lui refuse ce qu'il aime tant. Rien d'erroné là-dedans. Sauf qu'il y a des moments de la journée où vous n'êtes pas disponible. Même présent à la maison, il vous faut bien du temps pour vous laver, faire à manger, vous détendre, vous consacrer à votre conjoint ou à vos autres enfants, dormir, etc. Et votre petit, n'a-t-il pas lui aussi besoin de dormir après avoir bien joué ?

Des limites nécessaires

Sauf à vous laissez dévorer, il va bien falloir que vous mettiez une limite à cette demande, aussi compréhensible soit-elle. Il faut que vous expliquiez tranquillement à votre enfant qu'il y a un temps pour tout et que maintenant c'est celui de dormir. Quand votre enfant va protester, rappelez-vous que de ne pas accéder à se demander de plus de jeu n'est pas de la négligence, encore moins de la maltraitance. Il a besoin de dormir pour être en forme et bien grandir. Alors pas de culpabilité !

Comprendre le point de vue de votre enfant, savoir qu'il est trop jeune pour prendre du recul, va vous aider à trouver la bonne manière d'intervenir. Il ne s'agit pas de punir votre petit ou de crier après lui simplement parce qu'il veut passer plus de temps avec vous. Le ton de votre voix doit être à la fois ferme, pour que l'enfant admette qu'il n'aura pas le dernier mot, et affectueux, pour qu'il se sente aimé et accepté. Le message c'est : « Je comprends tout à fait que tu préfèrerais rester au salon avec nous plutôt que d'être au calme dans ton lit, moi aussi je t'aime, mais c'est non parce que c'est l'heure de dormir. On se verra demain. »

Ce qui va vous aider le plus, c'est de comprendre qu'il s'agit d'un désir de votre enfant et non d'un besoin. Vous n'avez pas, pour en faire un enfant heureux, à combler tous ses désirs. C'est même l'inverse. **Il sera d'autant plus épanoui que vous saurez mettre des limites, raisonnables, gentilles et fermes, à sa toute-puissance.**

C'est aux parents que revient la responsabilité de fixer des règles raisonnables, pour le bien de chacun des membres de la famille, et de les faire appliquer. Ce n'est pas toujours facile ni agréable. Mais le rôle des parents, passé la première année, ne se limite plus à faire des câlins et à répondre aux demandes de l'enfant. Il est aussi de savoir l'éduquer. Ce qui revient parfois à lui déplaire, dans le but de le faire grandir.

53 Composez *avec* *la crise d'opposition*

Quand « non » devient le mot préféré de l'enfant, la mise au lit peut se compliquer sérieusement...

Le sommeil est sous la dépendance de la vie quotidienne. Or celle de ces deux années (1 à 3 ans) est riche en événements et pleine de rebondissements, qui vont bien sûr retentir sur les nuits de l'enfant. Plusieurs éléments dans l'éducation vont contribuer au bon déroulement de la mise au lit et du sommeil, ou au contraire créer des difficultés. La crise d'opposition fait partie de ces dernières.

Quand votre enfant dit « non » à tout...

Vers quinze ou dix-huit mois, l'enfant entame une phase très importante de son développement psychique. Il se sent accéder au statut de personne à part entière. Il souhaite que personne ne l'ignore. Pour cela, il va tenter d'imposer sa propre volonté face à celle de l'autre. C'est la grande période du « non ».

L'enfant sait depuis un moment déjà que ce petit mot a une grande valeur : prononcé d'un ton sérieux par papa ou maman, il stoppe tout élan et empêche beaucoup de « projets » prometteurs. Alors il le reprend à son compte.

Le soir, cela donne des conversations qui ressemblent à ceci :

– Tu vas mettre ton pyjama ? – Non.

– Tu vas au lit ? – Non.

– Tu veux qu'on lise une histoire ? – Non.

Même s'il adore cela, et que, tout bien réfléchi, il vient déposer trois livres sur vos genoux.

Cette période est donc l'une de celles qui demande aux parents le plus de patience et d'humour. Les refus et les provocations sont, chez certains enfants, quasiment permanents. Garder son calme n'est pas toujours facile.

L'attitude éducative

Beaucoup de parents répugnent d'avoir à se fâcher. Après une journée de travail, avec la fatigue, chacun aspire à se reposer. Les parents sont heureux de rentrer chez eux, de retrouver leurs enfants. Ils ont envie de beaucoup de choses, se détendre, regarder les informations à la télévision, préparer un bon petit dîner, mais certainement pas se fâcher ou entrer dans un rapport de forces pour endormir leur enfant.

Le petit, lui, est dans son rôle lorsqu'il réclame des choses inhabituelles ou refusent de faire celles qui lui sont demandées. Il sait qu'il risque le « non », la dispute, mais cela vaut quand même le coup d'essayer. Pour lui, il y a toujours quelque chose à apprendre. Il préfère encore cela à l'indifférence.

S'opposer à un petit enfant obstiné demande beaucoup d'énergie, ce que les parents, le soir, n'ont pas toujours. Ce sont des situations qui, souvent, finissent mal : chacun est fâché, l'enfant fait une colère, le parent se sent énervé, rejeté et incompétent. Si bien que la solution choisie consiste souvent à dire « oui » quand il faudrait dire « non ».

De guerre lasse, les parents finissent par lâcher et faire ce que veut l'enfant.

À court terme, ils ont la paix. À long terme, c'est une erreur.

- L'enfant qui a obtenu une fois voudra obtenir deux. Ce que les parents ont autorisé le lundi, ils auront encore bien plus de mal à l'interdire le mardi. « D'accord, mais uniquement pour aujourd'hui » est une phrase qui n'a pas de sens pour un enfant de deux ans. Il ne sait pas encore ce qu'est la règle, comment connaîtrait-il les exceptions ?
- L'enfant, qui se sait tout petit dans un monde compliqué, ne se sent pas du tout rassuré par des adultes qui lui obéissent et changent d'avis dès qu'il insiste un peu.

54 Évitez *le lit menace*

Un lit où il fait bon aller se reposer et rêver n'est pas un lit où l'on se retrouve lorsqu'on est puni.

Aller au lit à huit heures, quand les grands restent au salon, ce n'est déjà pas drôle. C'est quitter la lumière, le bruit, les parents, l'animation, pour se retrouver dans le noir et la solitude.

Aller se coucher est vécu comme une frustration

Se coucher, même fatigué, même en aimant son lit, est toujours une frustration. L'enfant a forcément l'impression qu'il va rater quelque chose d'important. Il est mis à l'écart du cercle familial, ce qui est pénible.

Mais cela devient carrément insupportable si c'est vécu comme une punition. C'est l'impression qu'a l'enfant s'il entend, la journée ou le soir, des réflexions comme :

« Si tu n'es pas sage, tu vas au lit », ou « puisque c'est comme ça, demain tu te coucheras juste après dîner ».

Le lit cesse d'être un endroit de plaisir, un lieu confortable et intime où l'on vient reprendre des forces, pour devenir l'objet d'une menace, le lieu de la punition, la place où l'on met l'enfant insupportable dont on veut se débarrasser. Il ne faut pas s'étonner, ensuite, s'il répugne à aller se coucher lorsque c'est l'heure !

Un lieu de calme dans la journée

Une précision : la chambre, et le lit si l'enfant peut librement y entrer et en sortir, peut tout à fait être un lieu où l'on demande à l'enfant de se retirer un moment, le temps de se calmer ou de finir une dispute ou une colère.

S'il peut être nécessaire d'imposer un moment d'isolement à l'enfant, la chambre est le bon lieu pour cela. À condition que l'enfant puisse revenir au milieu de la famille lorsqu'il a terminé sa « crise » ou lorsqu'il le souhaite.

Plus la chambre de l'enfant, et spécifiquement son lit, seront présentés par les parents comme des lieux privés, confortables et agréables, mieux l'enfant acceptera de s'y tenir seul la journée ou le soir.

55 Appuyez-vous *sur les lois de l'apprentissage*

Il peut être difficile pour les parents de comprendre que leur enfant a « appris » à faire traîner le coucher et à les appeler la nuit. Et que leur attitude est à l'origine de cet apprentissage...

Le petit enfant n'a pas d'idée toute faite sur l'heure, le lieu ou la manière dont il convient de se coucher. Il va vers ce qu'il juge agréable. Il tente de prendre le pouvoir en faisant valoir bruyamment ses désirs. Deux lois de l'apprentissage vont vous aider à lui faire prendre de bonnes habitudes :

- supprimer les conséquences agréables pour l'enfant des comportements que vous voulez voir disparaître ;
- repérer la force des associations et supprimer les mauvaises.

Ce qui a été appris peut être désappris

Quand le bébé a faim ou qu'il a froid, quand il a mal aux dents ou aux oreilles, il crie pour exprimer son malaise. Que les parents répondent et lui viennent en aide est bien normal : l'enfant apprend qu'il est aimé, qu'il est dans une bonne famille où l'on prend soin de lui, faisant ce qu'il faut quand il est en détresse.

Mais souvent il continue à appeler alors qu'il est guéri, pour le seul plaisir de voir ses parents la nuit. Si eux continuent le jeu, l'enfant apprend autre chose : que ses parents sont à sa disposition, qu'il peut en faire ce que bon lui semble, qu'il lui suffit de crier pour être satisfait dans ses moindres désirs. Certains parents conçoivent ainsi leur rôle : pas de problème. Simplement, cela risque d'être fatigant et de durer longtemps.

Crier la nuit est un comportement spontané du bébé. Mais combien de fois et pendant combien de temps, cela résulte d'un apprentissage. De même que les parents ont appris à leur petit à faire des baisers ou à dire merci, ils lui ont appris qu'il avait besoin d'eux pour s'endormir et se rendormir. Alors il appelle. Inutile de se culpabiliser de cet excès d'amour et d'attention. Il suffit de comprendre les mécanismes. Ce qui a été appris peut être désappris et remplacé par de nouvelles habitudes, plus appropriées au calme de la maison.

La loi des associations

Quand nous sommes habitués à ce que deux choses se déroulent simultanément, lorsque nous percevons l'une, nous nous attendons à l'autre.

Par exemple, nous sommes habitués, lorsque le radio-réveil se met en route, à entendre les informations de sept heures. Ou bien lorsque nous tournons la clé de contact, à ce que la voiture démarre. Un événement sans l'autre, et nous voilà perturbés, inquiets.

Nous avons tous appris à associer le sommeil à différents événements : s'être lavé les dents, avoir lu un peu, dormir du côté droit du lit, sentir la présence de son conjoint à côté de soi, etc. Si l'une des conditions n'est pas là, le sommeil peut être plus difficile à trouver.

Pour l'enfant, c'est pareil. Une fois qu'une association de sommeil est faite, il en a besoin pour s'endormir. Ou pour se rendormir au milieu de la nuit. S'il a besoin de son pouce, tout va bien : il sait toujours où le trouver. Mais s'il a besoin de tenir la main de sa maman tout en écoutant la musique de son mobile, c'est plus compliqué… Eléonore a besoin que quelqu'un soit assis au pied de son lit jusqu'à ce qu'elle s'endorme, et cela peut prendre longtemps. Jade a pris l'habitude de s'endormir en tétant un petit biberon d'eau, qu'elle est évidemment bien incapable d'aller remplir seule au milieu de la nuit.

Si votre enfant est dans un cas comme celui-ci, il est nécessaire que vous vous releviez chaque nuit pour recréer les conditions d'endormissement. Il est facile de se rendre compte que l'enfant, par le jeu des associations, a pris des habitudes qui ne sont pas appropriées. Vous y êtes pour quelque chose et vous pouvez y remédier.

56 Comprenez *qu'un comportement qui « paye » se reproduit*

L'enfant a tendance à reproduire encore et encore les comportements qui ont des conséquences positives pour lui.

Un comportement qui « paye » se reproduit. À l'inverse, un comportement qui ne « paye » pas (ou qui « coûte ») va disparaître. Le mot « payer », dans ce cas, signifie « être suivi d'une conséquence positive ». Le mot « coûter », « être suivi d'une conséquence négative ». C'est une règle de base, qui permet de comprendre le comportement de l'enfant. Elle est fondamentale à saisir et à retenir.

La loi du renforcement

La « loi du renforcement », ainsi nommée par les psychologues depuis qu'elle a été mise en évidence il y a un siècle environ, régit deux principes.

Un comportement qui a des conséquences immédiates positives aura tendance à se reproduire. En d'autres termes, si une personne aime ce qui résulte de son acte, elle sera incitée à le reproduire. La conséquence positive, c'est le renforcement.

Tous les comportements sont appris (en dehors des comportements instinctifs) et pas seulement ce que l'on a volontairement et consciemment appris à son enfant. L'enfant a appris à parler, à sauter, à se chamailler... Et à appeler la nuit. La plupart des apprentissages s'effectuent à l'insu de tous. Le « professeur caché » est justement le renforcement.

Des renforcements parfois inattendus

Un jeune enfant peut se coucher gentiment le soir, parce qu'il aime les conséquences de ce comportement sur ses parents. Un autre sera désagréable pour les mêmes raisons. On peut imaginer que les premiers félicitent leur enfant et valorisent ses efforts. Alors que les seconds ne donnent peut-être leur attention à leur enfant que lorsqu'il réclame ou s'oppose.

Un petit enfant, couché, embrassé et bordé par son papa, rappelle ou se relève. De la réaction de celui-ci dépend la suite des événements. Si le papa réagit fortement, en câlinant ou en se fâchant, l'enfant apprend que ce comportement est puissant : il s'en resservira pour attirer l'attention. Si le père ne réagit pas ou très peu et le recouche sans un mot, l'enfant en déduit que ce comportement n'est pas intéressant et il va l'oublier.

Le principe de base est très simple, mais ses conséquences sont immenses :

- pour qu'un comportement se reproduise, il faut s'arranger pour que l'enfant lui trouve des conséquences positives (« récompenses ») ;
- pour qu'un comportement s'arrête, il faut que l'enfant n'y trouve aucun intérêt, voire qu'il produise des conséquences négatives (« punitions ») ;
- lorsqu'un nouveau comportement survient, les conséquences qu'il va avoir seront déterminantes dans le fait qu'il se reproduise ou non.

Rappelez-vous : presque tous les comportements, y compris les plus désagréables, ont été appris. Ils se sont développés et ils durent parce qu'ils sont renforcés, c'est-à-dire parce qu'ils sont des conséquences que l'enfant juge positives. Donc ces comportements peuvent disparaître spontanément s'ils cessent d'être renforcés, « récompensés », pendant un temps suffisamment long. Ce mécanisme précisément étudié s'appelle l'« extinction ».

57 Faites *la chasse aux renforcements*

La difficulté consiste à repérer et supprimer ce qui maintient le comportement indésirable.

Si un enfant d'un an et demi, joyeux et en bonne santé, n'a encore jamais dormi une nuit entière calmement et tranquillement, il ne souffre de rien de grave. Inutile, dans 99 % des cas, de s'inquiéter pour sa santé physique ou psychologique. Il a juste pris de mauvaises habitudes. On pourrait dire, de la même façon, que les bonnes habitudes qui permettent endormissement et nuits sereines n'ont pas été mises en place.

Une question d'interactions

Crier le soir ou la nuit depuis leur lit, c'est que font les petits enfants qui veulent attirer l'attention de leurs parents et les faire revenir auprès d'eux, quelle qu'en soit la raison. La manière dont les parents vont répondre à cet appel est déterminant pour la suite des événements.

C'est pourquoi on considère généralement que **les troubles du sommeil n'ont pas pour origine l'enfant tout seul**. Ni ses seuls parents, d'ailleurs. La difficulté est presque toujours due à un enchaînement d'interactions entre l'enfant et ses parents autour de la question du sommeil. Passé six mois, le bébé va vite comprendre qu'il suffit de quelques cris lancés dans l'obscurité pour que maman vienne, et apporte avec elle attention, câlins, réassurance, parfois même un sein bien rempli, toutes choses fort agréables à quatre heures du matin. Tellement agréables, que cela vaut la peine de recommencer à appeler le lendemain, le surlendemain, puis ensuite deux fois par nuits, si possible. Si les parents ne sont pas capables, à ce stade, de mettre un terme aux demandes de leur bébé et de lui expliquer fermement que la nuit, c'est fait pour dormir, c'est comme s'ils l'autorisaient à continuer à se réveiller la nuit.

L'enfant apprend à réclamer

Les petits, nous l'avons vu, se réveillent plus ou moins entre chaque cycle de sommeil. Le parent anxieux qui se précipite, allume la lampe, prend l'enfant dans ses bras et le cajole, pense bien faire. En réalité, sans le vouloir et sans le réaliser, il est en train de perturber les capacités de l'enfant à se rendormir. Bien souvent, sans intervention des parents, l'enfant, après avoir râlé un peu, se rendormirait très vite. Et ne serait pas tenté de recommencer le lendemain pour les faire revenir à nouveau.

Les récompenses doivent aller aux comportements que l'on souhaite voir se reproduire. Or les parents font souvent l'inverse. L'enfant crie. Si sa maman ou son papa se précipitent et le câlinent ou le nourrissent, ils créent une conséquence positive au fait de s'être réveillé et d'avoir appelé : l'enfant va recommencer dès que possible.

L'enfant agit de son côté selon les mêmes lois : si vous tardez à venir, il va vous faire supporter une conséquence négative, en pleurant de longues minutes. Comme vous supportez mal, vous interviendrez plus rapidement la fois prochaine...

58 Établissez *les « règles du sommeil »*

Pour le sommeil, comme pour beaucoup d'autres comportements de sa vie, l'enfant a besoin de savoir clairement ce que vous attendez de lui.

Il est souhaitable que la vie de l'enfant soit gouvernée par certaines règles stables. Des règlements et des interventions parentales variables, selon l'état d'esprit des parents sur le moment, provoquent de la confusion, de la frustration, de l'insécurité et de la révolte. **Les enfants ont besoin de connaître les règles qui les gouvernent**, jusqu'où ils peuvent pousser les limites, et ce qu'ils risquent au-delà.

Logiquement, instaurer des règles de sommeil se fait selon certains principes.

Des règles claires

Pour être appliquées, les règles doivent être comprises, donc clairement exprimées. Des phrases courtes, avec des mots simples. Une règle est une loi intérieure : elle passera mieux si elle est exprimée sous une forme impersonnelle :

« On se lave les dents avant de se coucher. »

« On éteint la lumière à huit heures. »

« On ne fait pas de bruit le dimanche matin avant le réveil. »

Certaines règles doivent évoluer avec l'âge de l'enfant. Si vous avez des enfants d'âges différents, l'évolution des règles doit être négociée et clairement posée.

Des règles stables

Suivre les règles est impossible si elles changent sans arrêt. Ce qui est autorisé lundi, doit l'être aussi mardi. Pareil pour ce qui est interdit.

Si l'enfant qui se glisse dans le lit parental est reconduit le lundi mais que maman fait semblant de ne pas le voir le mardi, l'enfant apprend qu'une règle est une chose variable, qui peut être détournée. Il y trouvera une occasion de défier les règles, jour après jour, afin de voir lesquelles « tiennent » et ce qu'il en est ce jour-là.

Quand les parents doivent changer une règle à la suite d'impératifs en lien avec la situation, cela doit être expliqué : « On ne lira pas d'histoire ce soir, parce qu'on est rentré très tard et qu'il est plus que l'heure de dormir. »

Des règles flexibles

Les règles doivent exister mais elles ne peuvent être suivies chaque jour absolument à la lettre. Elles doivent souvent être adaptées à la situation ou tenir compte de chaque enfant. La règle « Chacun dort sans son propre lit » peut être transgressée une nuit où éclate un orage particulièrement effrayant. La règle « Au lit à huit heures » peut être modifiée le soir où maman rentre de déplacement.

Mais attention : un enfant jeune ne sait pas ce qu'est une exception. S'il a eu le droit une fois de faire ce qui interdit habituellement, il y a de grandes chances pour qu'il tente de recommencer.

Des règles raisonnables et sensées

Les règles, par principe, vont demander des efforts à chacun : à l'enfant pour les appliquer, aux parents pour les faire appliquer. Elles ne doivent donc pas être trop nombreuses.

Des règles raisonnables, ce sont aussi des règles qui correspondent à ce que l'enfant peut donner.

Un enfant aura d'autant plus de mal à appliquer une règle qu'il la trouve absurde ou inutile. Même si l'explication n'a pas encore beaucoup de sens pour lui, au moins l'enfant comprend-il qu'elle en a pour ses parents.

C'est pourquoi **il est nécessaire d'accompagner la règle de son explication.**

« Rendors-toi : c'est encore la nuit et la nuit, on dort. »

« Maman ne reviendra pas te voir dans ton lit : elle se repose maintenant. »

« On ne mange pas de sucré après le brossage des dents : tu pourrais avoir des caries. »

59 Instaurez *des horaires réguliers de coucher*

La régularité est la clé d'un bon sommeil et d'un bon équilibre global de l'enfant.

Il est important de réguler les horaires de l'enfant en fonction de ses besoins internes, autant qu'il est possible et dans la mesure où c'est compatible avec la vie quotidienne. Puis on tâche de s'y tenir.

Le cerveau s'endort à heures fixes

La régularité du sommeil est importante car elle fonctionne comme une base qui conditionne d'autres fonctions internes. Il est préférable, par exemple, que **les heures de sommeil, nuit et siestes, déterminent les horaires des repas, plutôt que l'inverse.** Ce n'est pas parce qu'on a dîné tôt qu'on va pouvoir coucher l'enfant de bonne heure, mais parce qu'il se couche à vingt heures qu'on va le faire dîner à dix-neuf.

De la même manière que le sommeil conditionne notre équilibre général, un dérèglement des horaires de sommeil peut entraîner d'autres dérèglements en chaîne.

D'une manière générale, dans notre société, les petits enfants sont couchés trop tard. Les horaires de travail des parents, les tâches à faire à la maison en fin de journée, le temps que l'on souhaite passer avec ses enfants… Tout cela mis bout à bout fait que les soirées s'éternisent et que les mises au lit des petits deviennent difficiles. Trop fatigués, trop énervés, ils n'arrivent plus à « décrocher ».

Le bon moment pour s'endormir

C'est un moment que chacun vit dans son propre corps. Ralentissement du niveau d'activité, bâillements, paupières qui tombent. On sent que, si on se couchait tout de suite, on pourrait s'endormir. Chez le petit enfant, c'est le moment où il va chercher son doudou, prendre son pouce et serrer son ours dans ses bras. À table, il pique un peu du nez sur son assiette. Tous ces effets témoignent de la bonne régulation thermique de l'organisme. Lorsque la température interne baisse, ce qui est le cas le soir, alors chacun ressent l'envie de se blottir sous la couette et de ne plus bouger.

Les enfants qui refusent l'idée d'aller se coucher vont lutter contre les marques du sommeil. Ils vont compenser la lassitude qu'ils ressentent en s'excitant davantage. Un petit enfant énervé et hyper-excité le soir témoigne en réalité de son haut degré de fatigue et de son besoin de repos. Il est important de ne pas s'y tromper, même si l'enfant lui-même est convaincu du contraire.

60 Gérez au mieux *l'heure du lever*

Un enfant qui a bien dormi se réveille en pleine forme... mais pas toujours à l'heure souhaitée !

Les réveils du matin, comme les horaires de coucher, vont se réguler progressivement. Cela demande un peu de patience. Il n'y a pas de technique miracle pour apprendre à bébé à dormir plus tard le dimanche que la semaine... Mais on peut toujours lui apprendre à s'occuper et à patienter un peu.

Le bon moment pour se lever

La vie sociale impose aux enfants des rythmes qui ne sont pas les leurs. Certains doivent être réveillés à l'aube, pour être déposés chez l'assistante maternelle ou à la crèche, alors qu'ils auraient volontiers dormi davantage. On comprend que leurs réveils soient souvent difficiles et grognons. Survenant en plein milieu d'un cycle de sommeil, l'éveil est beaucoup plus pénible à gérer qu'entre deux cycles, lorsqu'il est spontané.

Il est important de laisser un peu de temps à l'enfant, quelques minutes, entre le moment où on le réveille et le moment de son lever. Il a besoin de se mettre en route doucement.

Si c'est possible, mieux vaut réveiller l'enfant un peu plus tôt mais à la fin d'un cycle, au lieu de le laisser dormir au maximum sans tenir compte de son rythme. Gagner ainsi quinze ou trente minutes de sommeil n'est en fait pas un service à lui rendre. Des matins familiaux agréables et paisibles sont liés, inévitablement, à la qualité du sommeil et de l'éveil de chaque membre de la famille.

Les lève-tôt

Certains enfants continuent à se réveiller et à appeler très tôt, y compris les dimanches et les vacances, alors que les parents aimeraient profiter d'un peu plus de sommeil. Voici quelques idées pour faire patienter :

- Faites semblant de dormir. Vous n'avez rien entendu. Au bout de quelques minutes, il est probable que votre petit renonce à vous appeler et décide de jouer tout seul.
- Préparez à portée de main de l'enfant, un petit panier plein de joujoux « différents », qui ne sont accessibles qu'à ce moment-là de la journée. L'enfant les trouvera en se réveillant et sera heureux de les explorer.
- Parmi ces jouets, glissez un vieux paquet de cartes à jouer. C'est quinze minutes d'occupation minimum !
- Déposez la veille au soir, à portée de sa main, quelque chose à manger et à boire. Rien de tel que de grignoter pour occuper un petit enfant. Petit bol avec quelques céréales sèches, petit biberon de jus de fruit, morceau de fruit, etc.
- Prévenez votre enfant qu'il n'est pas l'heure de se lever ou de vous appeler tant qu'il ne fait pas jour, ou que vous ne venez pas dans sa chambre, ou que la petite aiguille n'est pas en face de la gommette rouge, etc.
- Autorisez une fin de nuit dans votre lit, à condition que l'enfant s'y rendorme et n'y fasse pas la java !
- Soyez souple et prenez patience. Cela ne dure pas. Soit le rythme de sommeil de l'enfant évolue, il se fatigue davantage, il fait moins de siestes et dort davantage la nuit. Soit il apprend à se lever, à préparer son petit déjeuner et à mettre en route ses DVD favoris. Autonome le matin, il vous laisse dormir.

S'aider d'un radio-réveil

Vous pouvez aussi installer dans la chambre des plus grands un radio-réveil.

Branchez-le sur une station agréable, puis réglez-le sur l'heure où vous souhaitez que votre enfant se lève, une heure légèrement plus tardive que son heure de réveil habituelle pour commencer. Prévenez-le qu'il ne doit pas sortir de sa chambre tant que la musique ne s'est pas mise en route.

Quand l'habitude sera prise, vous pourrez modifier l'heure en fonction de ce qui convient le mieux pour l'ensemble de la famille. Il ne s'agit pas d'utiliser la radio pour réveiller l'enfant, mais pour lui indiquer quand il est temps pour lui de vous rejoindre. Pour l'aider à patienter, n'oubliez pas de mettre dans sa chambre de quoi grignoter.

L'utilisation du radio-réveil se révèle aussi efficace lorsqu'on souhaite pouvoir dormir un peu plus longtemps le samedi ou le dimanche matin. On prévient l'enfant qu'il peut se lever et jouer dans sa chambre tranquillement s'il veut, mais qu'il ne doit pas sortir de sa chambre ou appeler ses parents tant qu'il n'entend pas la musique.

61 Préservez *la sieste*

Une bonne sieste n'empêche pas de bien s'endormir le soir... Au contraire !

La demande de sieste des enfants, à partir de un an, est variable. Elle évolue selon leur âge, leurs activités diurnes et la qualité de leur sommeil de nuit.

Les changements de cycle internes prennent un peu de temps et se font progressivement.

L'importance des siestes

Les siestes sont indispensables aux petits enfants qui ont besoin de ces pauses de sommeil dans la journée pour se sentir en forme. Ils en ont même davantage besoin qu'ils ne le croient. La vie leur offre tant d'aventures et d'explorations, que certains ont bien du mal à admettre la nécessité de s'arrêter pour se reposer.

Jusqu'à douze ou dix-huit mois, les enfants font généralement une sieste le matin et une autre l'après-midi. Puis la sieste du matin disparaît. Mais cela dépend beaucoup des besoins de sommeil de chaque enfant, de son rythme, de son temps de sommeil de nuit, etc.

Certains feront une sieste l'après-midi jusqu'à l'âge de quatre ou cinq ans, d'autres se contenteront d'un moment de calme dès l'âge de deux ans.

Dormir l'après-midi n'empêche pas de bien s'endormir le soir. C'est même souvent l'inverse. Faire la sieste évite l'accumulation de tensions et de fatigue nerveuses tellement préjudiciables à l'endormissement. Il est connu qu'un enfant trop fatigué s'énerve au lieu de s'endormir.

Des liens entre sommeil de jour et sommeil de nuit

Des études physiologiques ont également démontré que la sieste favorisait la bonne qualité du sommeil tout au long de la nuit, en évitant un déficit en sommeil profond.

Bien sûr, si l'enfant fait une sieste de trois heures qui se termine à dix-sept heures, il risque de ne pas avoir sommeil à vingt heures ! C'est pourquoi **il est préférable de coucher l'enfant le plus tôt possible après le déjeuner et que la sieste ne dure pas plus de deux à trois heures,** afin qu'il y ait encore du temps pour des activités permettant de se dépenser physiquement avant le soir.

On constate fréquemment que l'amélioration des troubles du sommeil entraîne une réapparition de la sieste. Comme si l'enfant, réconcilié avec le sommeil et le fait d'aller se coucher, acceptait la sensation de fatigue et retrouvait le plaisir de se reposer l'après-midi.

Se mettre au lit pour la sieste ne demande pas la mise en place d'un rituel ou d'un accompagnement particulier. Mais une routine est toujours la bienvenue.

Il est utile de profiter du moment où le sommeil apparaît, mais il n'est pas nécessaire de faire l'obscurité ou le silence dans la chambre.

Certains enfants dorment une demi-heure, et se rendorment ou non ; d'autres peuvent dormir deux ou trois heures. Il n'y a pas de norme.

62 Passez *de la sieste au temps de pause*

« *Le tigre aussi a besoin de repos.* » Proverbe chinois.

La plupart des enfants arrêtent de faire la sieste l'après-midi entre trois et cinq ans. Cela dépend de leurs besoins physiologiques, ainsi que de l'organisation de leurs journées et du temps de sommeil de nuit.

L'arrêt de la sieste

La transition complète vers une organisation des journées sans sieste peut s'étaler sur plusieurs semaines, voire plusieurs mois. Certains jours, l'enfant dort, d'autres jours il se repose, d'autres encore il refuse absolument de s'allonger. Certains font la sieste à l'école, puisque tout le monde se couche et qu'il n'y a rien d'autre à faire, mais la refusent à la maison, où les aînés ne se couchent pas. Pour d'autres, c'est l'inverse : ils dorment à la maison parce qu'ils y sont au calme, dans leur propre lit, et ils la refusent à l'école où il faut s'allonger par terre.

Le temps de sieste dépend en partie du temps de sommeil de nuit. Un enfant qui dort onze heures par nuit, d'un bon sommeil régulier, peut probablement mieux se passer d'un repos dans la journée que celui qui ne dort que neuf heures, parce qu'il est couché un peu tard ou levé un peu tôt.

Comme toute période de transition, celle-ci est délicate. Avant que le nouvel équilibre soit trouvé, l'enfant peut être un peu ronchon et imprévisible. Les horaires de ses repas vont sans doute devoir être modifiés, pour lui permettre de dîner plus tôt par exemple. Il sera aidé par la mise en place d'une routine quotidienne. À vous de choisir :

- Soit vous préférez que votre enfant saute complètement la sieste. C'est le cas si vous espérez qu'il se couche un peu plus tôt et s'endorme mieux le soir par exemple. Dans ce cas, vous devez vous attendre à quelques soirées difficiles, avec un petit enfant très fatigué, énervé, qui aura du mal à tenir jusqu'à la fin du dîner.
- Soit vous préférez que votre enfant continue à se reposer. C'est le cas si vous pensez qu'il aurait du mal à tenir jusqu'au soir, ou si vous-même avez besoin d'un moment de calme dans la maison. Établissez une routine qui inclut le fait de s'allonger un moment et de se reposer, même si on ne dort pas.

Prendre un peu de repos

Il n'existe aucune technique, aucun truc, pour faire dormir un enfant qui n'en a pas envie. En revanche, il dépend de vous qu'il continue, chaque début d'après-midi, à se reposer un peu. Certains jours, il s'endormira, d'autres non. Ce moment de repos permettra que les fins d'après-midi ne soient pas trop agitées.

Voici quelques conseils pour que ce temps de repos ait une chance de l'être et ne suscite pas trop d'opposition :

- Bannissez de votre langage les mots « sieste » et « dormir ». Remplacez-les par quelque chose de neutre comme « Rester au calme un moment ».
- Exigez de votre enfant qu'il passe tout ce temps de repos au même endroit.
- Fixez une durée pour ce repos, et promettez à votre enfant que vous l'appellerez quand ce sera l'heure. Puis faites-le. Sinon, c'est lui qui vous demandera, toutes les cinq minutes : « C'est l'heure ? Je peux me lever ? » Au besoin, faites sonner un réveil dans sa chambre. Vous pouvez aussi accrocher une pendule dans sa chambre et lui indiquer la position des aiguilles quand il est l'heure de se lever.
- Pour un enfant qui ne dort plus, vous pouvez installer un lecteur de disques dans sa chambre, ou à proximité. Mettez un disque calme, qu'il aime bien. Quand le disque est fini, environ une heure plus tard, il peut se lever.

- Tout lieu est bon pour prendre un moment de repos, pourvu que l'enfant y soit au calme et s'y sente bien. Citons, sans être exhaustif : dans le lit de quelqu'un d'autre ; sous une tente d'indiens ; dans un sac de couchage sur la moquette ou le tapis ; sous une petite table recouverte d'un grand drap ; dans une tente improvisée, dans le jardin ou sur la terrasse.

63 Donnez *toute son importance au rituel du soir*

Chaque rituel est à inventer, différent dans chaque famille. Sa seule constante est l'étape finale : un dernier mot tendre et on sort doucement de la chambre.

Pour la plupart des enfants, l'heure d'aller au lit est une heure difficile. Le rituel du coucher est l'un des moyens les plus efficaces pour lutter contre l'angoisse du soir et le refus du coucher.

L'intérêt du rituel

Établir un rituel, cela consiste à accompagner l'enfant au lit, de manière semblable chaque soir. Le rituel rend le moment du lit plus agréable et plus facile pour l'enfant comme pour les parents.

Le rituel a une fonction rassurante qui aide l'enfant à décrocher de ses activités du jour et lui permet de bien s'endormir. Il assure une fonction de transition, aidant l'enfant à passer de la veille au sommeil. Il faut le temps du câlin, de l'histoire et des paroles conjuratrices, de toutes ces petites habitudes qui permettent de ramener le calme et d'instaurer une ambiance détendue.

Plus votre enfant grandit, plus il tient à ce que l'enchaînement du rituel soit le même chaque soir. Aussi est-il important de s'y tenir, y compris les week-ends et en vacances. Cet aspect prédictible du rituel le rassure beaucoup et facilite la séparation.

Il est tout à fait normal de consacrer quinze à vingt minutes au coucher de son enfant. Ainsi, il n'a pas l'impression que ses parents veulent se débarrasser de lui en vitesse avant le début du film à la télévision. Il risque aussi moins de se relever pour réclamer : « Encooooore... »

De quoi se compose le rituel ?

Voici quelques idées que vous pouvez inclure dans le rituel, si vous le souhaitez. L'idéal est un rituel individualisé, qui tient compte des impératifs et du confort de chacun.

Même si les parents ont chacun leur façon de faire lorsqu'ils assurent le rituel à tour de rôle, il est préférable que la « ligne générale » demeure.

- **Ramenez le calme.** S'arranger pour que les activités qui précèdent la mise au lit soient calmes et agréables est généralement nécessaire pour que la mise au lit se passe sereinement. Attention aux enfants qui s'excitent du fait de la fatigue. Mettre au lit un enfant dans les cris et la contrariété ressemble trop à une mise à l'écart pour que cela se passe bien de part et d'autre.
- **Prévenez l'enfant** que l'heure approche. Si l'enfant se couche à vingt heures et que le rituel dure quinze minutes, prévenez-le vers dix-neuf trente qu'il va devoir bientôt arrêter son jeu et aller se coucher. L'enfant a généralement horreur des transitions brutales : prévenir aide à anticiper le changement d'activité, qui est ainsi mieux supporté. Assez vite, l'enfant saura de lui-même repérer l'heure que vous lui indiquerez sur la pendule.
- **L'eau chaude détend**, même sous la douche. Se laver puis passer un pyjama confortable et doux est une bonne manière de se détendre et d'entamer le rituel.
- Si l'enfant a dîné tôt ou léger, un petit snack peut l'aider à tenir toute la nuit sans manger. Certains aliments aident au sommeil : un petit bol de lait chaud, une demi-banane, une tisane de tilleul ou de fleur d'oranger avec une cuillerée de miel, un biscuit, par exemple.
- **Le brossage des dents**, qui commence régulièrement vers l'âge de deux ans, ou plus tôt selon l'avancée de sa dentition, est généralement l'étape suivante. C'est le brossage le plus important de la journée, celui qui va éviter que les bactéries ne finissent par provoquer des caries dans les petites dents toutes neuves.

L'enfant doit retenir qu'on ne mange plus rien le soir, après s'être brossé les dents. Seul le verre d'eau est sans risque.

- **La lecture de l'histoire** peut commencer dès l'âge de un an, si l'enfant aime cela. On s'installe confortablement, l'enfant dans ses bras, dans un endroit intime et confortable. Plus l'enfant est jeune, plus il est recommandé de choisir des livres adaptés, sereins, non susceptibles d'engendrer inquiétudes ou cauchemars.
- Si vous vous sentez capable d'inventer des histoires plutôt que d'en lire, ou si vous préférez inventer les textes plutôt que de suivre ceux de l'auteur, surtout ne vous gênez pas ! Des histoires « sur mesure », personnalisées, avec un vocabulaire adapté, c'est bien sûr ce qu'il y a de mieux !
- **Le câlin tranquille** est souvent l'étape suivante. Dans les bras, tendrement, on peut écouter quelques berceuses ou une musique relaxante, ou se parler doucement des choses du jour. C'est un moment pour les confidences. On peut, ensemble, faire le point sur la journée, revenir sur les moments de plaisir que l'on a eus. C'est un moment pour les mots d'amour.
- Vous vous souvenez des berceuses de votre enfance ? Chantez-les. Votre voix vaut mieux que tous les disques.
- **On couche les peluches et on dit bonsoir à tout le monde.**

Certains enfants ont besoin de savoir que tout le monde dort : cela rend leur endormissement plus naturel. Le rituel qui consiste à dire bonsoir à tout ce qui fait son environnement l'aide à se coucher. Le parent peut accompagner l'enfant pour qu'il dise bonsoir à papa, à maman, aux frères et sœurs, aux animaux de la maison, aux peluches et aux poupées, au soleil qui se couche aussi… Là aussi, il faut savoir mettre un terme.

- **L'enfant se couche enfin**, avec sa peluche préférée à côté de lui, le visage enfoui dans le doudou.

Si vous sentez votre enfant fatigué et prêt à s'endormir, éteignez la lumière. S'il a besoin d'une veilleuse ou que la porte reste entrebâillée. Pourquoi pas ?

Si votre aîné n'a pas encore tout à fait sommeil (dans le cas de plusieurs enfants d'âges et de rythmes différents dans la même chambre), il n'y a aucun problème à le laisser libre de lire encore un petit livre ou manipuler un jouet, tant qu'il le fait calmement et ne réclame plus votre présence. Quand le sommeil viendra, il regagnera éventuellement son lit et s'endormira. À la réflexion : « Je n'ai pas sommeil ! », il est plus simple de répondre : « Eh bien tu dormiras plus tard, je te demande juste de rester calme dans ton lit (ou dans ta chambre). Maintenant ce n'est plus l'heure des enfants. Si tu es sage, je reviens te faire un baiser dans dix minutes. »

64 Racontez *des histoires*

Lire des histoires à son enfant, le soir au coucher, est l'un des meilleurs moyens de l'amener au sommeil et de partager un grand moment de plaisir avec lui...

L'expérience émotionnelle que le parent et l'enfant partagent en lisant une histoire, non seulement créera une relation spéciale, mais laissera une trace profonde dans son esprit. Tous les enfants aiment qu'on leur lise des histoires, qu'on les leur relise, que l'on dialogue avec eux sur ce que l'on a lu.

Devenir conteur

Les premiers livres de l'enfant sont une manière de passer du langage oral au langage écrit. Le vocabulaire est plus riche, les tournures plus complexes et les conjugaisons inhabituelles (le passé simple apparaît). Mais l'adulte lecteur est libre de lire comme il veut et de réinventer certaines phrases s'il les trouve difficiles à comprendre dans leur formulation. L'enfant aime bien qu'on lui raconte les mêmes histoires plusieurs fois et il va vite repérer les différences apportées au texte d'une fois à l'autre !

Le rôle de l'adulte, outre de rendre le texte compréhensible, est de « mettre le ton » comme on dit aux enfants qui récite des poésies. Un bon lecteur est capable de faire vibrer son auditeur, de le faire trembler ou de lui amener des larmes, de le faire rire ou de le surprendre...

Comment choisir les histoires ?

- Regardez les revues pour les jeunes enfants. La plupart contiennent des histoires tout à fait bien écrites. Les enfants les adorent car elles leur parlent, d'une façon imagée, de leur vie de tous les jours.

- Avant d'acheter un livre, posez-vous les questions suivantes :
  - Le sujet est-il en accord avec l'âge de l'enfant ?
  - Le texte est-il rythmé, clair, riche ?
  - L'objet-livre est-il bien fait, résistant, solide ?
  - Êtes-vous d'accord avec ce qui est dit ou montré, avec la morale qui est véhiculée dans le livre ?
  - Supporterez-vous de lire ce livre cent fois ?
- Regardez avec soin les illustrations, qui sont d'une importance majeure. Elles ne sont pas que le support de l'histoire. Elles attirent l'attention de l'enfant de façon prioritaire tant qu'il ne sait pas lire. Il faut donc qu'elles aient une valeur informative en elles-mêmes. Grâce à elles, vous pourrez dialoguer avec votre enfant au sujet de l'histoire. Rapidement, il pourra lui-même entreprendre de la raconter.

Traverser les épreuves

Les contes ont une place à part. Innombrables et variés, ils ne font pas spécifiquement partie de la littérature pour enfants. On retrouve souvent les mêmes thèmes, les mêmes personnages, les mêmes symboles d'un conte à l'autre. C'est dire si les contes de fées correspondent à des vérités ou à des peurs, ou visent à répondre à des questions profondes.

Chaque conte contient une part de surnaturel, mais répond à une logique interne qui ne choque pas l'enfant. Que ces récits aient été mis en forme par Andersen, Perrault, Grimm ou d'autres, ils abordent tous des conflits internes que les enfants connaissent bien et ils les aident ainsi à les résoudre. Les contes ne craignent pas de parler de la maladie, de la vieillesse, de la mort, de la jalousie, de la haine, de la méchanceté… Mais ils finissent toujours bien. L'enfant comprend qu'il aura lui aussi des épreuves à traverser, mais qu'il saura en venir à bout. Dans les contes, on réussit parce que l'on est petit, malin, généreux, jamais parce que l'on est fort et riche.

La morale triomphe. Les contes sont indispensables à l'enfant : ne vous privez pas de les lire et les relire.

65 Mettez *un terme clair au rituel*

Un bon rituel est un rituel qui a une fin !

Rappelez-vous que l'intérêt du rituel est de rassurer l'enfant. On ne se débarrasse pas de lui. On l'accompagne au lit. On lui témoigne toute l'importance qu'il a pour nous. On apaise son éventuelle angoisse de séparation. Puis on s'autorise à vivre sa vie, simplement et tranquillement.

Comment conclure le rituel ?

Un dernier baiser sur la tête. Une phrase magique. « Bonne nuit, dors bien. On se voit demain matin » est un exemple de phrase qui peut aider l'enfant à se projeter le lendemain, au-delà de la nuit. Puis on sort de la chambre tranquillement, avec l'intention affirmée de ne pas y revenir.

Rester à côté de l'enfant jusqu'à ce qu'il dorme, éventuellement en lui tenant la main, serait une erreur. D'une part, cela le prive d'une occasion d'apprendre à s'endormir seul. D'autre part, cela inclut dans la phase d'endormissement un élément qui rend la présence du parent indispensable. Si bien que, s'il se réveille la nuit, votre petit aura à nouveau besoin de votre main ou de votre présence pour se rendormir. Mieux vaut un rituel qui se termine lorsque l'enfant est réveillé, afin qu'il s'endorme seul.

Résistez encore plus à l'envie de vous coucher à côté de votre enfant. Outre le fait que vous risqueriez de vous endormir le premier, vous pourriez, paradoxalement, aggraver ses difficultés d'endormissement. Vous n'êtes pas son « doudou » !

Ce qui rassure le mieux l'enfant, et lui permet de bien s'endormir, ce sont des parents qui le laissent seul, après un temps raisonnable, convaincus qu'apprendre à s'endormir lui fera le plus grand bien.

Et si l'enfant proteste ?

Il y aura certainement des moments où votre enfant fera tout ce qu'il pourra pour faire durer le rituel. Encore une histoire, encore un baiser, encore un verre d'eau… Il est bien difficile de résister. Votre attitude va alors dépendre de la rigidité de votre rituel, de votre tempérament, de votre quotidien. Si vous avez passé la journée avec votre enfant, vous saurez certainement mieux mettre un terme à ses réclamations que si vous avez l'impression de l'avoir très peu vu.

Il est admissible d'entrer un peu dans le jeu de l'enfant en lui accordant un ou deux rappels. Mais ce n'est pas lui rendre service que d'aller au-delà. L'enfant découvre qu'il peut obtenir ce qu'il veut de ses parents, même s'ils prétendent le contraire.

Si c'est l'anxiété du soir qui le motive, **revenir sans cesse ne contribue en rien à le rassurer, au contraire**. Au bout d'un moment, il est normal de faire preuve de fermeté, ne serait-ce que pour protéger un temps de détente dans vos soirées. « Encore un baiser, mais c'est le dernier. Après je ne reviendrai plus. On se fera d'autres baisers demain. »

66 Respectez *l'autobercement*

Certains tournicotent leurs cheveux, d'autres se balancent rythmiquement ou se cognent la tête... Rien de grave, cela passera tout seul...

Certains enfants cognent leur tête contre les barreaux de leur lit. D'autres secouent le lit énergiquement. On comprend que cela soit assez inquiétant pour les parents témoins de ces comportements répétitifs.

On estime que cinq à dix pour cent des petits enfants ont une habitude de ce type avant de s'endormir. Ces comportements peuvent apparaître dès huit mois, plus souvent vers dix-huit mois, et disparaissent vers l'âge de deux ans.

Que signifient ces comportements ?

Les petits enfants qui apprennent à se calmer et à s'endormir seuls développent une large variété d'attitudes qui les aident à atteindre ce but. On suppose qu'ils découvrent par hasard que tel geste est relaxant, et se l'approprient ensuite régulièrement, en en faisant une habitude. Serrer son doudou contre soi, par exemple, fait partie de ces habitudes. Mais il en existe bien d'autres.

On constate que les méthodes que les bébés trouvent pour se calmer sont souvent en lien avec le fait de sucer (tétine, biberon, pouce), de toucher (oreille du nounours ou morceau de petit drap tout doux) et d'avoir un mouvement rythmique comme un balancement.

Les méthodes qui n'impliquent personne d'autre que l'enfant sont les plus bénéfiques, car elles lui permettent de se rendormir seul s'il se réveille la nuit.

Certains enfants trouvent agréable et relaxant de se cogner rythmiquement la tête contre le côté du lit. C'est pour eux une bonne manière de décharger la tension accumulée, une transition efficace vers le sommeil. Reste que ce mouvement est parfois suffisamment énergique pour déplacer le petit lit dans la chambre et marquer le front de l'enfant. D'où la légitime inquiétude des parents.

Comment les gérer ?

Trois points importants concernant l'auto-bercement, notamment le fait de se cogner la tête contre le bord du lit, qui devraient suffire à rassurer les parents :

- L'enfant ne se fait pas mal : il arrête avant. Mais si vous avez un doute, rien ne vous empêche, bien au contraire, de « rembourrer » l'endroit où la tête cogne habituellement, avec un coussin ou un tour de lit.
- Ces comportements d'auto-bercement ne sont pas le signe que l'enfant va mal, qu'il est trop anxieux ou autre. Ce symptôme, seul, n'a pas de signification inquiétante. Si le comportement de l'enfant le jour est normal, s'il est gai, interactif, sociable et qu'il se développe bien, aucune raison de s'inquiéter.
- On peut toujours essayer de faire disparaître ces comportements en en encourageant de nouveaux. Mais, une fois l'habitude installée, elle est tenace. Alors la seule chose à faire consiste à améliorer le confort de votre enfant et à attendre qu'il trouve de lui-même une autre façon de se détendre.

67 Récompensez *ses efforts*

N'oubliez jamais que votre enfant tient avant tout à vous faire plaisir et que perdre votre estime est sa plus grande crainte.

Une « nourriture » indispensable

Les encouragements, au même titre que les retours positifs sur ce qu'ils sont et ce qu'ils font, sont indispensables aux enfants pour grandir et s'épanouir. Aussi nécessaires que l'eau aux plantes du jardin. C'est vraiment ce qui les met sur la bonne voie.

En tant que parents nous avons souvent du mal à intégrer cette notion. Beaucoup d'entre nous restent convaincus que ce sont les exigences, les critiques, voire les punitions, qui incitent à s'améliorer. Ils passent donc beaucoup plus de temps à reprendre et critiquer leur enfant qu'à le féliciter pour ce qu'il fait de bien. Or gratifier est beaucoup plus efficace que se fâcher. C'est vrai dans tous les cas, mais encore plus en ce qui concerne le sommeil.

Soutenez les efforts

Il faut savoir que tous les enfants veulent faire plaisir à leurs parents et que ceux-ci soient contents d'eux. Mais c'est difficile à satisfaire, un parent, et bien exigeant ! C'est pourquoi l'enfant a besoin d'être soutenu dans ses efforts.

Les encouragements le motivent à bien se comporter, car ils augmentent sa confiance en lui. Il comprend que ses parents comptent sur lui et le savent capable de mieux faire. Il ne veut pas les décevoir. Il ressent : « Je suis quelqu'un de bien, de compétent. J'ai une influence sur la manière dont je me comporte. Je suis digne d'être aimé. » Il ne ressent pas le besoin de se comporter de façon insupportable et de tester ses parents en les poussant sans arrêt à bout pour s'en persuader.

Par leurs remarques positives, les parents soutiennent leur enfant dans les efforts qu'il fait pour se conformer à leurs désirs. Sinon, à quoi bon ? **L'enfant se sent compris, accepté dans ses émotions et ses imperfections.**

Trouvez le bon ton

Regardez lucidement le déroulement des jours derniers : combien de conflits, combien de cris, combien de « non » ou de reproches ? D'autre part, combien de messages réellement positifs pour lui, appréciant son comportement, combien d'encouragements ?

Si vous n'obtenez pas un rapport de un à trois ou quatre en faveur des seconds, vous allez dans la mauvaise direction.

À la limite, on pourrait dire que ce n'est pas le comportement de l'enfant qui est cause des critiques parentales : ce sont les critiques et reproches trop fréquents qui sont causes de son comportement. Chaque jour, à chaque occasion pertinente, l'enfant a besoin d'être encouragé, remercié, félicité. À bon escient et sans exagération, bien sûr.

Pourquoi ? S'il ne reçoit pas assez de retours positifs, l'enfant se demande si l'amour qui lui est porté est bien inconditionnel ou s'il dépend de son comportement. Pour s'en assurer, il va « tester les limites ». Une manière pour lui de demander : « Et si je ne me comporte pas comme tu me le demandes, est-ce que tu m'aimes encore ? »

S'endormir demande du calme

Les énervements et les conflits au moment du coucher ne peuvent pas déboucher sur un sommeil serein. C'est pourquoi soutenir tout effort et tout comportement, même minime, qui va dans la bonne direction, sera toujours plus efficace que les crises quotidiennes.

Quitte à dire à son enfant, au matin : « Je sais que tu as essayé, hier soir, mais que c'est difficile. Ce n'est pas grave, on essaiera encore, je sais que tu vas y arriver. »

chapitre 8

Les points qui peuvent poser problème

68 Écoutez *la peur du noir*

Si les loups et monstres se font rares de nos jours, les peurs qu'ils suscitent, elles, demeurent intactes.

La tombée du jour nous rend vulnérables. Les malades et les gens dépressifs en témoignent. Enfants, nous avons tous connu la peur du noir. Sommes-nous pour autant bien placés pour rassurer nos enfants ?

Comment survient la peur de l'obscurité ?

Jusqu'à l'âge de deux ans environ, pas de problèmes : l'enfant ne se plaint pas lorsque ses parents éteignent la lumière en sortant de sa chambre, le soir, après un dernier baiser. Puis un jour, il commence à réclamer que la lumière reste allumée dans la chambre ou le couloir, que la porte reste entrebâillée. Parfois même, il se réveille au milieu de la nuit et on le trouve assis dans son petit lit, tremblant de peur. Il parle de loups, de monstres, de voleurs, d'un mauvais rêve ou seulement d'une peur sans objet.

Sur le moment, les parents sont plutôt surpris. Eux qui ont pris soin de ne jamais menacer du croque-mitaine, qui n'ont jamais lu à leur enfant *La Chèvre de Monsieur Seguin* et n'ont raconté *Le Petit Chaperon Rouge* que dans sa version expurgée, avec un grand luxe de précautions, se trouvent désarçonnés par les peurs de leur petit, qu'ils qualifieraient volontiers de sornettes.

Car si les loups se font rares, les peurs, elles, sont bien là. Si les sorcières n'existent pas, la crainte qu'elles suscitent, elle, existe « pour de vrai ». Elle vient d'ailleurs. Les histoires effrayantes que l'on racontait autrefois aux enfants n'en sont pas la cause, mais peut-être la conséquence.

L'habitude de faire dormir les enfants dans l'obscurité totale est relativement récente. Bizarrement, elle date de l'avènement de l'électricité et de l'interrupteur. Elle est apparue en même temps que l'habitude de les faire dormir seuls dans leur chambre. Il semble bien que l'on ait depuis sous-estimé les besoins qu'ont les petits et négligé les conditions qui leur assurent un sommeil paisible.

Rares sont les enfants qui, entre deux et cinq ans, n'ont pas pendant un temps peur de l'obscurité. Anxiété banale, qui va se traduire par un refus du coucher, une crainte de rester seul, des pleurs… et une venue en douce dans le lit parental.

Comment expliquer la peur du noir ?

Il s'agit d'une peur qui apparaît communément à une étape charnière du développement de l'enfant, lors d'un nouvel apprentissage par exemple, ou à l'occasion d'un changement de vie. Les causes de cette peur sont multiples. L'enfant la mettra volontiers sur le compte d'un cauchemar, du monstre qui est caché sous le lit ou de la crainte des voleurs. Vers trois ans, l'enfant est doté d'une imagination fertile qu'il va mettre au service de ses inquiétudes.

Les raisons profondes sont autres. **L'obscurité entraîne la perte des repères. L'enfant ne voit plus ceux qui l'aiment et le rassurent**, mais il ne voit plus non plus son environnement familier. Le monde qu'il commençait à organiser et à construire semble avoir disparu.

L'angoisse de séparation

Celle-ci reste très vive jusque vers quatre ans. Le soir, on se retrouve face à soi-même ; l'obscurité de la nuit, c'est l'heure où chacun se sent le plus seul, le plus fragile. En grandissant, l'enfant va développer des défenses lui permettant de faire face à cette anxiété. Vers six ans, il est davantage en mesure de différencier le réel, ce qui est possible, de l'imaginaire. Capable alors de tenir ses pensées effrayantes à distance, il craint moins l'obscurité.

69 Soulagez *l'anxiété de la nuit*

« C'est de ta peur que j'ai peur. »
William Shakespeare

La stratégie permettant de lutter contre les peurs nocturnes tient en trois points.

Le soir, laissez un éclairage

Parmi les conditions qui assurent un sommeil paisible, le fait de pouvoir se repérer dans l'espace lorsque l'on se réveille au milieu de la nuit compte pour beaucoup. S'il fait noir, l'enfant est perdu. Souvent, il va appeler ses parents pour qu'ils viennent le rassurer. Mais s'il voit suffisamment, grâce à une petite lumière qui vient de la veilleuse ou du couloir, il va vite sortir de son rêve en reconnaissant sa chambre, se remettre dans le sens du lit, récupérer nounours et se rendormir.

Quand il n'aura plus de couches, il osera, seul, se lever pour se rendre jusqu'à son pot ou aux toilettes, ce qu'il ne fera pas dans le noir complet avant plusieurs années. Laisser une veilleuse à l'enfant ne nuit pas à son autonomie, mais au contraire la renforce. Dès qu'il sait s'en servir, confiez à votre enfant une lampe de poche. Il pourra, depuis son lit, explorer tous les recoins sombres de sa chambre pour faire fuir les monstres.

La nuit, aidez à chasser les visions

Si votre enfant vous appelle à la suite d'une peur, commencez par allumer doucement la lumière (le rhéostat, qui permet de contrôler l'intensité lumineuse, est un bon investissement). Aidez-le à se rassurer : retrouver son espace, ses peluches, les objets quotidiens. Montrez-lui qu'il n'y a personne d'autre que vous. Murmurez à ses oreilles quelques phrases positives, magiques, qu'il pourra se répéter dans sa solitude: « Tout va bien, papa et maman sont là, rien ne peut t'arriver, tu es en sécurité, tout va bien. »

Quittez la chambre quand l'enfant est calmé, mais sans attendre qu'il s'endorme.

Le jour, donnez-lui confiance en lui

On dit que les problèmes de la nuit se résolvent le jour. Comment ?

- En parlant avec l'enfant de ses peurs, mais sans jamais se moquer de lui ou le ridiculiser.
- Si l'enfant est assez grand, on lui demande de dessiner ses peurs : on combat mieux ce que l'on connaît bien.
- En jouant régulièrement avec lui à l'aveugle ou à colin-maillard. Cela permet de se familiariser avec les sensations que l'on a dans le noir tout en apprivoisant son environnement.
- Le dialogue est important. On en profite pour expliquer à l'enfant que ces peurs sont fréquentes à cet âge. Elles signalent qu'il grandit, qu'il doit renoncer à des choses de sa petite enfance : cela, parfois, fait peur. Elles disparaîtront quand il grandira et qu'il se sentira plus fort. En attendant, ses parents sont là pour veiller à sa sécurité.
- En sachant le rassurer. Quand l'enfant manifeste une peur, l'attitude des parents doit lui permettre de reprendre le dessus. Pour cela, il faut ne pas avoir peur de sa peur, mais lui montrer que l'on peut y faire face tranquillement. Là comme ailleurs, rien de tel que l'exemple pour aider son enfant.

70 Repérez *la maladie... et la guérison*

« *Comme la nuit paraît longue à la douleur qui s'éveille.* » Horace.

Les premières années sont rythmées par une succession de rhumes, de rhino-pharyngites, d'angines, d'otites, de toux et de nez bouchés qui viennent troubler le sommeil de l'enfant. Comment faire pour que ces affections diverses, bénignes mais fréquentes, n'aient pas trop de répercussions et ne fassent pas le lit de troubles du sommeil ?

L'enchaînement est classique

Vous avez suivi tous les conseils, et cette fois, ça y est : votre bébé a une bonne routine de sommeil et fait des nuits complètes sans vous réveiller.

Et puis voici qu'à la suite de la rencontre avec un microbe, un virus ou une bactérie, il développe une de ces pathologies en « ite », si contagieuse et si dérangeante. La fièvre monte raisonnablement, l'inconfort gagne. Que fait bébé lorsqu'il ne peut plus respirer par le nez et qu'il est bien incapable de se moucher ? Lorsque la toux lui arrache la gorge ? Lorsque la douleur dans les oreilles l'empêche de se rendormir ? Il crie son malaise et vous appelle au secours. Lui qui avait développé des techniques pour apprendre à se rendormir seul se trouve débordé dans ses efforts.

Que faites-vous dans ce cas, alors que vous vous étiez bien promis de ne plus répondre à ses appels de nuit ? Vous y allez et tentez de le soulager, bien évidemment.

Le temps de la maladie, le confort de votre bébé ou de votre petit enfant, le soutien et les soins à lui apporter, tout cela passera avant les règles établies de sommeil et d'horaires. Il dormira quand il le pourra, de jour comme de nuit, et vous l'assisterez chaque fois qu'il vous appellera.

Après quelques jours, il est guéri. Il n'a plus de fièvre, il a retrouvé l'appétit, il ne tousse plus et semble plein d'énergie. Mais il vous appelle toujours au milieu de la nuit. De son point de vue, c'était tellement agréable de vous avoir pour lui à toute heure qu'il se demande pourquoi ne pas continuer cette « bonne » habitude.

Revenez « dans les clous »

Ne soyez pas surpris si votre enfant semble avoir tout oublié de ce que vous avez eu tant de mal à installer. Son point de vue est bien compréhensible et il serait absurde de sa part de ne pas chercher à profiter encore de « vos bonnes dispositions nocturnes » à son égard.

Aussi allez-vous devoir le plus rapidement possible retourner à la routine qui était la vôtre précédemment. Plus la parenthèse due à la maladie a été longue, plus cela risque de prendre du temps de revenir à des nuits calmes et autonomes.

Deux choses vont vous aider :

- vous rappeler que votre enfant a « envie » de votre présence, mais n'en a plus « besoin » ;
- tenir bon, rester dans votre lit et ne pas aller le voir dans sa chambre s'il n'en a pas « besoin » mais seulement « envie ».

Ce n'est pas la faute des dents !

Une maman demande: « *Ma fille de dix mois sort ses premières dents. Cela semble bien douloureux et sa gencive est rouge et enflée. Elle se réveille la nuit et m'appelle. Ne dois-je pas aller la soulager ?* »

Tous les bébés font l'expérience gênante de la sortie des premières dents. C'est un inconfort certain, une douleur, pas forcément. Mettre les réveils de nuit de cette période sur le compte des dents n'est pas toujours pertinent. Si vous pensez que votre enfant est suffisamment gêné pour se réveiller la nuit, allez le voir. Sans le sortir du lit, posez une main réconfortante sur lui en lui disant : « Tu as mal, je sais, mais tu peux te rendormir, cela va passer. » Dès qu'il se calme, ressortez rapidement de la chambre si vous ne voulez pas qu'il prenne l'habitude de vous y voir la nuit.

Si cela ne suffit pas, il se peut que votre médecin vous conseille un léger antalgique. Mais attention : à cet âge-là, il sort des dents très souvent et il n'est jamais bon de prendre l'habitude des médicaments.

Si votre petit se réveille plusieurs fois par nuit, ou plusieurs nuits dans la semaine, les dents ne sont probablement pas en cause. Il se peut qu'il ait développé une infection douloureuse, comme une otite par exemple. Il se peut aussi qu'il n'ait rien de grave, mais juste l'envie de passer un moment agréable en votre compagnie. Dans ce cas, mieux vaut lui expliquer que c'est une bonne idée, mais que ce n'est pas le bon moment !

71 Méfiez-vous *des transhumances (vacances, déménagement...)*

« Nos premières vacances ne furent pas de tout repos ! Tom et Nina, nos jumeaux, ont réagi au changement d'environnement et de rythme de vie par des nuits très perturbées. Heureusement que les grands-parents ont pris la relève ! » Un papa.

Le sommeil des jeunes enfants est suffisamment fragile pour être troublé par tout événement important survenant dans leur vie. Pour eux, l'événement est d'autant plus important qu'il implique des changements et perturbe la routine.

Partir en vacances ou en week-ends

Des vacances entraînent un changement de lieu, d'ambiance, d'environnement social, de rythme de vie... Toutes ces choses auront probablement des répercussions sur le sommeil de votre enfant.

Voici quelques conseils pour que tout se passe au mieux :

- Maintenez à l'identique tout ce qui peut l'être : les draps du lit, l'heure des siestes et de la mise au lit, le rituel du coucher, etc. Mais ne vous privez pas d'une certaine flexibilité. C'est aussi tout le plaisir des vacances que d'oublier l'agenda et la montre pour se permettre plus de spontanéité.
- N'oubliez ni le doudou, ni les quelques jouets favoris qui occupent le lit à la maison.
- Essayez de lui assurer le calme nécessaire pendant ses heures de repos.

- S'il dort dans votre chambre, installez son petit lit le plus loin possible du vôtre. S'il vous voit dormir à côté de lui, il sera plus tenté de vous réveiller.
- C'est souvent une fois revenu à la maison que le petit enfant a le plus de mal à retrouver son rythme. Une attitude rassurante, une régularité d'horaires et une gentillesse ferme aboutissent au meilleur résultat. Même si elles ont été bousculées, il suffit de quelques jours pour reprendre les bonnes habitudes.

Malgré ces précautions et ces quelques contraintes, les vacances sont un merveilleux moment de découvertes, où les parents sont enfin disponibles. Il serait bien dommage de s'en priver !

Déménager

Il s'agit d'un changement très important pour tous les membres de la famille, et il est rare qu'un déménagement ne s'accompagne pas d'une certaine dose de stress et de tensions. Deux excellentes raisons pour que le sommeil des jeunes enfants soit quelque temps perturbé.

L'objectif est le même que pendant les vacances : pour que votre petit réagisse le moins possible, vous devez **essayer de ne pas trop modifier ses habitudes**. Que ce soit dans les jours qui précèdent le déménagement ou dans ceux qui le suivent, plus il « retrouvera » ce à quoi il est habitué et moins il sera désorienté.

Le risque est la perte des repères connus. Elle génère une anxiété chez l'enfant qui, se sentant un peu perdu, s'accroche à vous, répugne à vous voir vous éloigner et vous appelle la nuit pour s'assurer de votre présence. Il peut aussi être excité par la situation ou troublé par la nouveauté.

Pour installer bébé dans sa nouvelle chambre, veillez à conserver le même lit, la même literie et le même environnement (tableau ou photo, coffre à jouets, etc.). Rétablissez rapidement le rituel de mise au lit et toutes les habitudes de sommeil qui étaient les siennes précédemment. Vous pouvez être un peu plus souple au début si vous sentez l'inquiétude chez votre enfant. N'hésitez pas à laisser une lampe allumée dans le couloir, une porte entrebâillée.

Si vous êtes ferme dans votre comportement, les choses rentreront dans l'ordre en quelques jours.

Ce déménagement peut être « familial », mais il est parfois causé par la séparation du couple parental. Dans ce cas, les changements de vie sont encore plus importants, puisque l'enfant doit s'habituer à ne plus vivre qu'avec l'un de ses parents à la fois, sans pouvoir en comprendre la raison. D'une manière générale, **plus les changements de vie seront importants, plus ils demanderont à l'enfant un effort d'adaptation, plus les risques de répercussions sur le sommeil seront importants et plus il faudra de temps au petit pour retrouver un sommeil habituel paisible.**

72 Évitez *la perte du doudou*

« Maxime, deux ans et demi, a perdu son doudou, un léopard en lambeaux qu'il adorait littéralement. Malgré tous nos efforts, nous n'avons pas pu le retrouver. C'est un drame pour lui. » Une maman.

Comme le doudou suit l'enfant partout, les risques de perte sont très importants. Il a été oublié dans le train. On rentre du supermarché et on s'aperçoit qu'il n'est nulle part. On l'avait attaché à la poussette et il est tombé en chemin. On le croyait chez l'assistante maternelle, qui le croyait à la maison. Bref, les occasions de perte sont quotidiennes. Et les conséquences « dramatiques ».

Prenez les devants

Quand on a pris l'habitude de ne s'endormir, de ne se consoler et de ne faire passer le temps, qu'avec son doudou dans la main, dans la bouche ou contre son visage, comment vivre désormais sans lui ?

L'enfant réclame, il semble en plein drame, inconsolable. Il a perdu bien plus qu'un jouet ou une peluche comme les autres : c'est une part de lui-même qu'il a égaré. À cet objet, il prêtait des pouvoirs magiques. Le doudou lui permettait de supporter les aléas de l'existence et les frustrations quotidiennes. Avec lui, il se sentait fort, sans lui, il est perdu.

Connaissant les risques, il aurait été sage de prendre les devants. Il est plus facile de gérer la perte du doudou quand on a pris quelques précautions. **Dès que l'enfant a fixé son affection exclusive sur un objet, il faut s'efforcer d'en trouver un autre identique**. S'il s'agit d'une peluche ou d'une poupée, il faut faire vite, car les modèles des fabricants peuvent changer d'une année à l'autre. S'il s'agit d'une petite couverture de bébé, il suffit de la couper en deux ou en quatre morceaux et de ne lui en laisser qu'un.

Alterner les doudous régulièrement. Vieillissant au même rythme, ils conservent la même allure. Ce qui, en cas de remplacement suite à une perte, est indispensable.

Si vous n'avez pas de double ou de remplaçant

C'est le cas le plus fréquent.

Vous avez tout tenté : refaire le chemin à l'envers, téléphoner aux copines et au marchand de jouets, contacter le fabricant directement (l'adresse est inscrite sur les emballages). Rien à faire, le doudou est perdu et irremplaçable. C'est une expérience douloureuse pour l'enfant, mais vous pouvez l'aider à la surmonter.

- Ne minimisez pas sa tristesse, au contraire, montrez-lui que vous comprenez l'importance de la perte pour lui. Son émotion est légitime, prenez-la en compte: « Je sais que c'est dur pour toi, tu l'aimais beaucoup ton doudou… »
- Sans son doudou, il est plus difficile de se séparer de maman. À la crèche ou chez l'assistante maternelle, confiez-lui un petit foulard ou un mouchoir à vous, parfumé d'une goutte de votre eau de toilette.
- Les premiers soirs, restez un peu plus près de lui pour l'aider à s'endormir, en lui tenant la main par exemple. Proposez-lui de choisir parmi ses peluches celle qui saurait lui tenir compagnie et suggérez-lui de la tenir dans ses bras.

En quelques jours, votre petit enfant aura séché ses larmes et jeté son dévolu sur un autre objet. Peut-être saisira-t-il cette occasion pour se passer de doudou. Ce qui est certain, c'est que cette perte, et le travail psychologique que l'enfant fait pour la dépasser, est aussi une bonne occasion de grandir et de se sentir plus fort.

Pour l'avenir, tentez d'en limiter l'usage

Le risque de perdre le doudou est plus important (et le manque plus difficile à surmonter) si l'enfant est un « inconditionnel » qui ne peut pas faire un pas hors du foyer sans l'emporter. Aussi est-il souhaitable, rapidement, de mettre des limites. Le doudou peut aller dans la voiture, mais pas au supermarché ; partout dans la maison, mais pas au square. Pendant la journée, en dehors de moments particuliers, il reste dans le lit.

C'est d'ailleurs la technique fréquemment appliquée à la crèche ou à la maternelle : le doudou est rangé dans le casier ou le sac à dos. Il n'en ressort qu'en cas de sieste ou de gros chagrin. L'enfant apprend ainsi à s'en passer, à s'intéresser au monde qui l'entoure et à trouver en lui le moyen de s'apaiser. Les mains vides, il s'en sert plus volontiers ; la bouche vide, il trouve mieux ses mots.

73 Interrogez *l'histoire de chacun*

On est parent avec son histoire personnelle, qui s'actualise lors du changement de génération.

Lors des entretiens pour un trouble du sommeil, on interroge toujours les parents, non seulement sur les conditions de la naissance de leur enfant, mais aussi sur leur vécu enfantin personnel. L'enfance des parents, la manière dont on s'est occupé d'eux lorsqu'ils étaient bébés a une influence directe sur leur manière d'être parent. On peut difficilement être autrement que ce que l'on a appris à être.

Cette histoire peut être récente et remonter à la naissance du bébé

On sait qu'une histoire de naissance difficile peut entraîner des troubles du sommeil. Non pas de manière directe, par quelque mécanisme physiologique, comme une conséquence inévitable. Mais par l'intermédiaire de l'anxiété parentale. Une maman (ou un papa) qui a été séparée de son bébé juste après l'accouchement et qui, à tort ou à raison, a craint pour sa vie, est forcément marquée par cette douloureuse expérience. Une fois rentrée à la maison, la maman va garder dans le cœur une crainte de le perdre. Au moment de le coucher, elle va redouter de s'éloigner de lui. Quand il dort, elle va aller voir s'il respire correctement et se pencher vers lui, au risque de le réveiller. Le bébé va sentir cette inquiétude et cette présence. Il va en prendre l'habitude. Il va se dire que, si sa mère a si peur pour lui, c'est qu'il est une petite chose bien fragile qui ne peut pas se débrouiller sans aide.

Jérémy, alors qu'il était encore à la maternité, avait failli s'étouffer, cessant de respirer. Puis tout était rentré dans l'ordre. On a juste dit à la maman de « faire attention ». Les premiers temps, angoissée, elle allait souvent se pencher sur le berceau de Jérémy, qu'il dorme ou non. À huit mois, Jérémy se réveillait plusieurs fois par nuit. Nous avons fait l'hypothèse que Jérémy, par ses pleurs, n'appelait pas forcément sa mère, mais qu'il se chargeait de la rassurer. Une façon de lui dire : « Tu vois, tout va bien, je respire, je suis vivant. » La maman a donc cessé de se lever. Dans la journée, elle s'est efforcée de rassurer Jérémy sur la confiance qu'elle lui faisait pour devenir grand et résistant. La nuit, elle lui répondait depuis sa propre chambre. « Je suis là, Jérémy, je t'entends, je te remercie, tu peux dormir maintenant. » Deux semaines plus tard, le petit garçon faisait ses nuits.

C'est parfois une histoire ancienne

L'anxiété des parents remonte parfois à leur propre enfance. Un parent qui veut endormir son enfant doit parvenir à s'en éloigner et lui permettre de s'éloigner de lui. C'est une démarche qui peut être difficile pour certains. Une mère très protectrice sent de son devoir de garder son enfant près d'elle pour le protéger, le soigner, le cajoler. Elle veut le bercer jusqu'à l'endormissement et tout faire, à chaque pleur, pour l'apaiser. Tant de tendresse et de dévouement est merveilleux pour le tout-petit. Mais, lorsque l'enfant grandit, cela peut être en contradiction avec la nécessité de se séparer de son bébé pour qu'il devienne un individu indépendant et autonome.

Je me souviens d'un papa qui ne pouvait pas supporter les cris de son bébé. Il les entendait avec les oreilles du bébé qu'il avait été, un bébé qu'on avait laissé pleurer, dont les pleurs parlaient de désespoir. C'est une détresse similaire qu'il croyait percevoir dans les appels de son bébé, auquel il se sentait tenu de répondre, sans réaliser que son petit garçon était différent de lui. Il avait un père et une mère présents, aimants et attentionnés. Sa situation n'avait donc rien à voir.

Au cours des consultations de sommeil, il est fréquent que les parents se mettent à parler de leur propre enfance. Ils comprennent vite à quel point les conditions dans lesquelles ils ont grandi sous-tendent leur comportement actuel. La capacité de leur enfant à trouver seul le repos la nuit est compromise par leur vécu qui entraîne des peurs et des désirs inconscients. Les entretiens permettent de mettre au jour de nombreux éléments qui ont une influence sur la relation affective qu'ils entretiennent avec leur enfant. Alors il leur devient possible de changer et de faire du neuf. Ils cessent de s'identifier à leur enfant, projetant sur lui leur ancienne détresse, et d'interpréter ses cris comme des appels désespérés. Ils deviennent des parents plus adultes et plus compétents, capable de rassurer leur enfant et de le coucher.

74 Réfléchissez *à votre propre tension*

Le retentissement de la vie quotidienne sur le sommeil des enfants ne tient pas toujours à des événements particuliers. Cela peut venir, plus généralement, de l'ambiance du foyer.

Nous vivons tous dans un état de stress de plus en plus important. Nos rythmes de vie subissent l'accélération de notre société. Ce n'est pas un rythme adapté aux enfants et ils peuvent le marquer de plusieurs manières.

Le stress des jeunes enfants, cela existe

Être réveillé de bonne heure, se dépêcher de déjeuner et de s'habiller, quitter la maison, crèche, assistante maternelle ou école du matin, cantine ou repas, sieste pas toujours respectée, retour à la maison, se dépêcher de prendre son bain et de dîner, aller au lit…

Les journées des petits enfants sont presque aussi longues que les nôtres et souvent plus fatigantes. Pas un temps pour être tranquille ; pas un moment pour souffler ou pour rêver.

La rêverie et le jeu libre sont les moyens que les enfants se donnent pour assimiler psychologiquement tout ce qu'ils vivent. Ils ont besoin de ce temps pour revivre, sous une forme symbolique, les événements et les émotions de la journée. Leur équilibre en dépend. Si l'enfant est privé de cette possibilité, parce que son rythme de vie ne le laisse pas souffler, il est normal que son sommeil s'en ressente.

Celui des parents aussi

Les parents non plus, n'ont guère le temps de souffler ou de rêver.

Un foyer où les deux parents travaillent vit plus souvent au rythme professionnel, au dépend du rythme familial. Les horaires des enfants dépendent de ceux de leurs parents. Le cas des mamans seules (ou des papas) est encore plus problématique, car il n'y a personne pour prendre le relais en cas d'absence ou d'épuisement. Il faut assumer tous les rôles, ce qui ne peut être qu'épuisant.

Des contraintes d'horaires qu'il faut bien accepter, des heures perdues en transport, des réunions de fin d'après-midi qui mettent toute l'organisation en péril, une disponibilité quasi permanente, par la grâce des ordinateurs et des téléphones portables, etc. Que reste-t-il pour un temps agréable partagé avec ses enfants ?

Il est courant que les parents soient déchirés entre la nécessité qu'ils ressentent de mettre au lit un enfant épuisé et le désir de passer du temps avec un petit que l'on a à peine vu. Entre la nécessité de faire de l'autorité, parce que cela fait bien partie des tâches parentales, et le souci d'éviter tout conflit ou contrariété, puisque l'on se voit si peu.

Des habitudes stressantes

Il n'y a pas que les journées émiettées, les horaires astreignants et les contraintes professionnelles qui stressent les petits enfants. Il y a aussi ce qu'on attend d'eux, l'ambiance dans laquelle on les élève. Voici trois points particulièrement délicats, propres aux parents « tendus ».

Vouloir que l'enfant soit le meilleur, grandisse vite, fasse tout en avance

Dans une société compétitive et difficile comme la nôtre, il est rassurant pour les parents de sentir que leur enfant démarre bien. Ils sont fiers si leur petit marche tôt, parle avant les copains, sait compter jusqu'à vingt à quatre ans, etc. Mais cette pression, que l'enfant ressent vivement, peut peser lourd. Il a vite l'impression qu'il doit à tout prix être performant. Il imagine que c'est la condition de l'amour et de l'attention qu'on lui porte. Devoir être toujours le meilleur et le plus précoce, se sentir tenu de faire la fierté de ses parents, c'est un stress et une source d'anxiété énorme.

Faire vivre l'enfant dans un monde d'urgence et de délais à respecter

Le rythme de la vie en société n'est pas celui des petits enfants. Eux, qui n'ont pas la notion du temps, ne voient nullement la nécessité de faire tout vite. Ils aiment, au contraire, prendre leur temps, flâner, musarder en route. Alors ils font traîner le matin, un peu systématiquement, pour prendre le contre-pied de l'excitation ambiante, pour nous faire comprendre leurs besoins, leur rythme à eux.

Les enfants souffrent de nos délais, ils souffrent de notre impatience. Nous voulons qu'ils agissent plus vite, nous voulons qu'ils grandissent plus vite. Ils essaient, mais ils en paient le prix.

Leur imposer un excès d'ordre et d'organisation

Les petits enfants ont besoin d'une routine qui respecte leurs habitudes. Mais ils ont aussi besoin de pouvoir parfois faire les fous, se salir, hurler ou faire du fouillis. Ils ont besoin de gaieté et de rire, le sérieux les ennuie.

Leur effet sur le sommeil

C'est lorsqu'on est stressé, tendu et fatigué, qu'on a le plus besoin de dormir. Mais c'est l'inverse qui se produit. Un excès de stress engendre des tensions qu'on ne sait plus relâcher au moment de se mettre au lit. La vie moderne génère des stress, mais ne nous donne pas les moyens de les évacuer.

Les antistress sont pourtant connus :

- Se défouler physiquement, faire du sport afin de vider toute l'énergie accumulée. Cela transforme la mauvaise fatigue psychique en bonne fatigue physique.
- Prendre le temps de rêver, de s'ennuyer, de ne rien faire ou juste ce qu'on aime. Prendre du temps pour soi, pour se faire plaisir.
- Se relaxer, chacun a sa façon.
- Rire. Le rire a ceci de merveilleux qu'il engendre une sensation immédiate de bien-être et de détente. Alors, rire avec ses enfants, c'est certainement une très bonne façon de se préparer chacun à passer une bonne nuit.

75 Apprenez *à dire « Stop ! »*

Éduquer, c'est faire comprendre à l'enfant jusqu'où il peut aller et admettre quand il doit s'arrêter. Autoriser, c'est dire « oui » ; l'autorité, le pouvoir de dire « non ». Les deux ont la même racine...

Dans le temps qu'ils passent avec leur enfant, certains parents sont capables de donner de l'amour et de la tendresse, ce qui est essentiel, mais pas d'imposer des limites ou une discipline, ce qui le serait tout autant.

Les parents ne veulent plus se fâcher

Il y a le cas classique des parents, le plus souvent les papas, qui ne voient leur enfant qu'un week-end sur deux, cas qui se rapproche de celui de tous les parents qui rentrent tard de leur travail et voient à peine leur enfant.

Quand on a peu de temps à partager, on veut donner l'essentiel : l'amour manifesté. Quand on s'en veut de n'être pas assez présent auprès de l'enfant, on n'est pas dans la meilleure position pour lui imposer des limites. Quand on vient à peine de le retrouver à l'heure où on le couche, on est souvent dans l'impossibilité de se séparer de lui et de lui apprendre à se séparer de nous.

Mais il y aussi les parents qui ont eu une enfance pénible, avec des parents très sévères, qui se rappellent d'un manque cruel de tendresse, et qui ne peuvent imaginer être cause de détresse pour leur enfant. On leur a trop dit « non » autrefois, ils ne savent plus que dire « oui » aujourd'hui.

L'absence de limites angoisse l'enfant

Les conséquences sont ennuyeuses, en termes d'éducation, de construction psychique, comme en termes de répercussion sur le sommeil. Car tout est lié. On voit des comportements, normaux chez des bébés de trois mois, être encore tolérés chez des enfants de un an. On voit des rituels, commencés tout à fait normalement, mais qui n'en finissent plus. Ils perdent alors tout leur sens. Des parents incapables de mettre un terme aux multiples rappels de leur enfant ne le rassurent plus, au contraire. C'est une attitude qui ne fait que renforcer les angoisses nocturnes. Un parent qui ne peut laisser son enfant, c'est comme s'il lui transmettait le message : « Tu as raison, c'est dangereux de se retrouver seul la nuit, c'est pourquoi je reste à tes côtés le plus longtemps possible. » **Ne pas mettre fermement un terme au rituel, au lieu d'apaiser les angoisses, les conforte.**

Les jeunes parents croient souvent que leur rôle consiste à être toujours là, présents, prêts à intervenir au moindre désir, vigilants afin de tout résoudre. Leur enfant pleure et ils se sentent coupables de n'avoir pas fait ce qu'il fallait, de l'avoir rendu malheureux. Cette vision est erronée. Les parents n'ont pas à tout faire pour être aimés de leur enfant et lui plaire en tout. Ils ont à lui permettre de se construire une personnalité solide. Or cela passe forcément, aussi, par le fait d'imposer, d'interdire et de contraindre. L'enfant a des demandes d'enfant, illimitées. Les parents doivent répondre en adultes : « Maintenant, ça suffit », « Non, ça n'est pas possible, pas ce soir. », etc.

Construire une structure solide

Les limites que les parents mettent aux comportements et aux demandes des enfants forment la structure solide sur laquelle ils peuvent s'appuyer pour grandir. Un enfant frustré dans une demande va montrer sa contrariété, bien entendu. Mais cette réaction est superficielle. Profondément, l'enfant sera soulagé et sécurisé de savoir qu'il est élevé par des adultes capables de s'opposer à lui, de lui dire le bien et de le protéger, voire contre lui-même. Un enfant est en sécurité auprès de parents capables de lui dire non, tout en lui gardant leur amour.

J'ai rencontré une maman qui m'a avoué qu'elle craignait, en s'opposant aux désirs de son enfant, qu'il cesse de l'aimer. D'ailleurs, du haut de ses quatre ans, il lui lançait, chaque fois qu'elle le contrariait : « Je t'aime plus ». Effondrée, convaincue d'être une mauvaise mère, elle cédait. Ce que l'enfant, malin, avait vite compris.

L'attachement des petits enfants à leurs parents est un acquis. Il est irréaliste de penser que cet amour pourrait disparaître parce que les parents se seraient opposés au désir de leur petit. L'enfant sent bien qu'il est aimé et il aime totalement, même s'il se met en colère. Ce qui se joue dans le non opposé à l'enfant qui va trop loin n'est pas de l'ordre de l'amour, mais du sentiment de sécurité intérieure et de la construction d'une autodiscipline.

76 Pensez *aux relations fraternelles*

« Vous avez deux enfants d'âges différents et des difficultés à concilier leurs horaires de sommeil ? Pensez une minute aux parents de jumeaux, lorsque les cris de l'un réveille l'autre et réciproquement, au fil des nuits sans sommeil... »
Le papa d'Adèle et Lucie, 11 mois.

Comme expliqué précédemment, tout changement important dans la vie de la famille, donc de l'enfant, est susceptible d'avoir des retombées sur la qualité de son sommeil. Or qu'y a-t-il de plus troublant que l'arrivée d'un petit frère ou d'une petite sœur ? La gestion du temps de sommeil de chacun va demander patience et doigté...

L'arrivée d'un puîné

Bon gré, mal gré, pas toujours facilement, vous aviez l'impression d'avoir enfin gagné la partie : sauf circonstances particulières, votre enfant dormait toute la nuit. Puis à la naissance du second, patatras... Il se dérègle de nouveau.

La surprise est là. Du bébé, on s'attendait à des réveils nocturnes, bien naturels à son âge. Mais voilà qu'il est plutôt plus calme et plus vite réglé que son aîné au même âge. Vous êtes sans nul doute des parents plus expérimentés et votre bébé le sent. Cela le rassure et il dort mieux. C'est l'aîné qui pose de nouveaux problèmes. C'est lui qui se réveille et appelle alors qu'il avait cessé depuis longtemps. Les sentiments ambigus qu'il ressent et les émotions vives qui le traversent, comme cette nouvelle rivalité par exemple, trouvent ainsi à s'exprimer. Les deux enfants se réveillent à tour de rôle... et l'épuisement vous guette.

Un peu de patience et quelques conseils vont vous aider à sortir de ce moment difficile :

- **Avant la naissance**. Préparez votre aîné à l'événement. Montrez-lui des petits bébés. Sollicitez son aide pour arranger la chambre et les petites affaires du bébé. Dites-lui clairement ce que cela changera pour lui au quotidien, ce que vous attendez de lui.
- **Après la naissance**. La difficulté pour votre aîné est qu'il oscille entre son désir de vous faire plaisir (devenir « un grand », être raisonnable, un exemple pour le petit) et son envie profonde d'être toujours votre bébé, votre unique bébé... Comprendre cela, c'est comprendre la variété de ses réactions. La vôtre ? De temps en temps au début, acceptez quelques signes de régression (lui redonner un biberon, le bercer contre vous...), mais en lui signifiant clairement qu'il « joue au bébé ». Le reste du temps, traitez-le comme celui qu'il était : un enfant en voie d'autonomie. Soyez absolument ferme en ce qui concerne l'interdit des manifestations d'agressivité physique envers le bébé.

Frères et sœurs ensemble : une gêne pour dormir ?

Le bébé grandit, il rejoint son aîné dans la chambre d'enfants. Mais maintenant, c'est de les avoir ensemble qui pose problème... Les cas les plus fréquents sont les suivants :

- **Celui qui crie la nuit réveille l'autre**

Lorsque le bébé rejoint, entre trois et six mois, son petit lit dans la chambre d'enfants, il fait ses nuits, mais il lui arrive encore fréquemment de se réveiller et d'appeler, ce qui peut déranger le sommeil de son aîné. Ce problème se résout généralement facilement. Il suffit d'expliquer à l'aîné que le bébé se réveille parce qu'il est un bébé et non parce qu'il a un problème particulier. S'il y a un problème, papa ou maman viendra et s'en occupera. Il n'a donc pas besoin de se réveiller à chaque cri. Ainsi rassuré, son cerveau « intégrera » les cris comme une chose normale et ne l'amènera plus à l'éveil complet.

• **Ils revendiquent des horaires différents.**

Voici une question typique, et quelques éléments de réponse :

« Lisa a cinq ans et sa sœur Rose presque trois ans. Elles partagent la même chambre. Jusqu'ici nous n'avions aucun problème pour les coucher. Mais depuis quelque temps Lisa revendique, en tant qu'aînée, de se coucher plus tard. Nous ne savons pas ce qu'il est juste ou préférable de faire. »

En ce qui concerne la simplicité de l'organisation familiale, il est clair que coucher les enfants à la même heure est la meilleure solution. Proches en âge, leurs besoins de sommeil sont sensiblement les mêmes, surtout si Rose fait encore la sieste. La revendication de Lisa tient à l'idée qu'elle se fait de son statut d'aînée et des privilèges qu'elle espère légitimement en tirer, plus qu'à une prise en compte de ses besoins biologiques. Assimiler le fait d'être l'aînée au droit de rester plus longtemps éveillée, avec les parents au salon, risque d'accréditer l'idée qu'aller au lit est une triste chose réservée aux bébés. Dès qu'on grandit, on y échappe. Cette vision des choses, outre qu'elle peut entraîner des problèmes de résistance au sommeil, risque d'augmenter le niveau de rivalité entre les enfants.

Le rituel prend du temps. En enchaîner deux serait probablement excessif. Il paraît raisonnable de demander aux enfants de se laver les dents en même temps, de se déshabiller ensemble, etc. Les histoires choisies peuvent convenir aux deux, ou tantôt plus à l'un, tantôt plus à l'autre. Le rituel aboutit naturellement sur la mise au lit et l'endormissement.

Si Lisa ne semble pas prête à s'endormir au moment du coucher des deux filles, on peut lui confier une petite lampe et l'autoriser, sans déranger sa sœur, à regarder un livre.

Peut-être que Lisa réclame, non pas tant le droit de se coucher plus tard, mais la possibilité de partager un moment seule avec ses parents, hors de la présence de sa sœur. Tous les enfants se disent un jour qu'ils auraient aimé être enfant unique pour avoir toute l'attention de leurs parents, sans partage. Ils ont tous besoin d'un moment d'intimité, seul avec papa ou avec maman, parfois avec les deux. C'est le moment du câlin, un temps pour se sentir unique et important dans le cœur de celui qu'on aime, un temps pour les secrets et les confidences. **Il est donc important que le rituel, commun aux enfants, inclut un moment de solitude avec chacun.** Cela peut aussi se passer au cours de la soirée.

- **Ils font la foire au lieu de dormir.**

  Tant mieux, c'est qu'ils s'entendent bien !

77 Ne sous-estimez pas *les effets de la télévision*

La télévision exerce une sorte de fascination sur les enfants. Sur les plus jeunes, elle peut avoir des conséquences négatives, notamment sur la qualité et la quantité de sommeil.

À dix mois, la petite Elsa, qui joue tranquillement par terre avec ses jouets, n'a pas le même comportement lorsque la télévision est allumée que lorsqu'elle ne l'est pas. Sa maman a remarqué que, lorsqu'elle regarde son feuilleton favori en milieu d'après-midi, Elsa cesse de jouer. Elle fixe l'écran, revient à son jeu, regarde sa mère, regarde l'écran… Elle cherche à comprendre.

Regarder la télévision ou dormir, il faut choisir

Chez les enfants plus grands, la télévision est dévoreuse de sommeil. Les petits ne veulent pas aller se coucher avant la fin de leur DVD ou de leur émission. Ils se lèvent très tôt pour ne rien rater de leurs dessins animés du matin. Ils devinent l'urgence de leurs parents de les coucher avant le début du film, et se sentent en rivalité. Ils multiplient les rappels, dans le désir inconscient de savoir qui, d'eux ou de la télévision, est plus important à leurs yeux.

La surconsommation d'images télévisées a des effets sur le sommeil. Ils ont été mis en évidence par de nombreuses études, et s'observent aussi au quotidien. L'enfant qui a regardé la télévision longtemps n'est pas fatigué, mais il est excité. Plus le temps de télévision augmente, plus le niveau d'excitation augmente également. L'enfant devient dispersé, inattentif, nerveux, autant à la maison le soir, qu'à l'école le lendemain. Si bien qu'il peine à s'endormir et que le sommeil qu'il trouve enfin est agité et propice aux cauchemars. Le nombre d'enfants des classes maternelles qui prennent des calmants et des médicaments pour dormir connaît une augmentation inquiétante.

Le rôle des images

Les images elles-mêmes ont un effet sur le sommeil. Le petit enfant ne fait pas la différence entre ce qui est réalité et ce qui est fiction. Il croit que ce qu'il voit peut arriver « pour de vrai ». Or même les programmes pour les enfants ne sont pas exempts de violence et d'images pouvant générer des craintes. Lorsqu'il commence, vers quatre ans, à faire la différence entre le réel et l'imaginaire, l'enfant peut alors s'inquiéter devant les informations télévisées. Comment se sentir en sécurité, condition indispensable pour s'endormir en paix, dans un monde qui n'offre que violence, guerre, crimes et autres horreurs ?

L'enfant a déjà l'âge de s'inquiéter, pas encore celui de comprendre ou de relativiser.

Que faire ?

Cela tient en quelques règles simples.

- Ne pas laisser la télévision allumée en permanence.
- Ne pas laisser la télévision en libre accès. Il existe plusieurs solutions techniques permettant d'empêcher l'enfant d'allumer seul le téléviseur.
- Ne pas se servir de la télévision comme d'une baby-sitter pour faire tenir l'enfant tranquille, ou dès qu'il s'ennuie, ou dès qu'il semble grognon et énervé.
- Sélectionner les programmes que l'enfant regarde. Pouvoir enregistrer est pour cela d'une aide considérable.
- Ne pas laisser l'enfant regarder seul un programme qui n'a jamais été visionné avec les parents.
- Limiter le temps passé devant la télévision. Le mieux est de fixer une durée qui paraît raisonnable en fonction de l'âge de l'enfant et de s'y tenir fermement.

- Être extrêmement vigilant afin que les temps de télévision ne prennent pas la place d'autres activités absolument indispensables à un enfant de cet âge (ce que la télévision n'est pas). Avoir des activités physiques (courir, jouer au ballon, faire du vélo...), jouer avec d'autres enfants, peindre ou dessiner, jouer à faire semblant, inventer des histoires, partager des jeux en famille... Ces activités développent des savoir-faire qui sont déterminants pour l'avenir de l'enfant.

Les dessins animés du matin

« J'avais pris l'habitude, depuis quelque temps, de laisser Paula, quatre ans, petit-déjeuner et s'habiller devant la télévision le matin. Cela me permettait d'être tranquille pour me préparer moi-même. Mais depuis deux semaines, je constate qu'elle se lève de plus en plus tôt. Quand mon réveil sonne, je la trouve déjà devant la télévision. Cela ne risque-t-il pas de prendre sur ses besoins de sommeil ? »

La télévision a un tel pouvoir de fascination sur les enfants qu'ils préfèrent la regarder plutôt que de dormir. C'est vrai évidemment le soir, où les enfants resteraient bien devant la télévision plutôt que d'aller se coucher. Mais les programmes du soir ne sont pas pour eux et les parents sont souvent plus intransigeants. Le matin, les dessins animés s'enchaînent. Paula est tranquille pour regarder ses programmes, personne ne l'embête. Elle y prend tellement goût qu'elle se lève de plus en plus tôt pour profiter de ce moment agréable.

La conséquence sur son temps de sommeil est évidente, surtout si Paula ne fait plus la sieste l'après-midi. Vous pouvez la coucher plus tôt le soir, si c'est compatible avec l'organisation familiale et si elle s'endort. Vous pouvez aussi l'empêcher de regarder la télévision en votre absence, notamment pendant que vous dormez. Il suffit pour cela de mettre le téléviseur hors de tension ou de cacher la télécommande. Informez votre fille que, si elle se réveille avant vous le matin, elle doit rester dans sa chambre en vous attendant. Votre petite fille est trop jeune pour gérer seule le temps qu'elle passe devant la télévision.

chapitre 9

Préparez-vous à l'action

78 Faites *un bilan de la situation*

Apporter une réponse et trouver une solution aux troubles du sommeil de son enfant n'est pas facile. Cela demande du courage aux parents et un effort à l'enfant.

Les parents ne manquent pas de courage lorsqu'ils se relèvent patiemment, plusieurs fois par nuit, depuis des mois. Mettre un terme à ces comportements va leur demander une autre forme d'énergie : s'empêcher d'aller « à la rescousse » de leur enfant chaque fois qu'il les appelle, s'obliger à le remmener dans sa chambre chaque fois qu'il en sort.

Pour mettre de leur côté toutes les chances d'y parvenir, certaines conditions préalables doivent être réunies. La première consiste à savoir précisément d'où on part.

Faire un bilan de la situation

Que les parents consultent un psychologue ou un spécialiste du sommeil, ou qu'ils décident d'essayer de résoudre seuls le trouble du sommeil de leur enfant, il est indispensable de faire un point clair sur la situation. Pour mesurer les progrès, il faut connaître la « ligne de base ».

La technique la plus pratique et la plus fidèle consiste à remplir un agenda de sommeil. Il s'agit d'un tableau sur lequel les parents reportent les heures de lever et de coucher, les moments de cris, les réveils nocturnes, et, pour les plus petits, les heures des repas. Il est alors facile, d'un coup d'œil, de calculer le nombre d'heures de sommeil et de voir le rythme de l'enfant. C'est un tableau qui permet à la fois un bilan, un diagnostic et le suivi des progrès.

L'agenda de sommeil permet de recueillir des données objectives concernant les troubles du sommeil. Bien souvent, les parents, épuisés, sont incapables de chiffrer précisément le nombre de rappels du soir ou le nombre de réveils de nuit. Or cela est important pour évaluer la gravité de la situation ou pour mesurer les progrès. La lecture de l'agenda le permet.

Il est conseillé de remplir cet agenda pendant dix à quinze jours avant de commencer à modifier quoi que ce soit ou de se rendre à la consultation. Puis de continuer à le remplir jusqu'à ce que le problème soit réglé, ce qui apparaîtra très clairement sur l'agenda.

Modèle d'un agenda de sommeil

Date	1	2	3	4	5	6	7	8	9	10	11	12	13	14	15	16	17	18	19	20	21	22	23	24

↑ lever /// sommeil (nuit ou sieste) R : repas
↓ coucher cris ou pleurs

Les chiffres correspondent aux heures de la journée.
Le tableau comporte autant de lignes que de jours d'observation.

79 Supprimez *les bénéfices secondaires*

« Gabin nous réveillait une fois chaque nuit en hurlant comme en pleine détresse. On y allait et il se rendormait. C'est passé rapidement à deux fois. On en est à cinq. C'est à croire qu'il y trouve du plaisir ! » Un papa.

Le comportement « désagréable » de votre enfant, celui que vous ne souhaitez plus voir, disparaîtra effectivement s'il ne lui procure plus de bénéfices. Si cela cesse d'être agréable. Inutile de punir, de crier ou d'appliquer des conséquences désagréables. Il suffit simplement de supprimer les bénéfices que l'enfant a à se relever, à se réveiller, à vous appeler. L'absence de conséquences (« Je crie et il ne se passe rien ») est très efficace mais violente. Supprimez les conséquences « agréables », en les replaçant par des conséquences « neutres « (ni plaisantes ni punitives) et en expliquant votre attitude, fonctionne très bien.

Les bénéfices de l'enfant

Un enfant qui a appris que ses cris lui permettaient :

- de voir ses parents plus longtemps ;
- de rester au salon avec eux ;
- de dormir dans leur lit ;
- d'avoir des câlins à toute heure ;
- de séparer ses parents afin d'avoir l'un ou l'autre pour lui tout seul…

… est un enfant qui va continuer à crier. Il y trouve de tels bénéfices qu'il serait bien idiot d'arrêter.

Dans ce cas, il est tout à fait illusoire de penser que les troubles du sommeil disparaîtront tous seuls. Ils cesseront lorsque l'enfant n'aura plus rien à y gagner.

Les bénéfices du parent

Un parent qui considère :

- qu'il passe trop peu de temps avec son bébé ;
- que des câlins au milieu de la nuit valent mieux que pas de câlins du tout ;
- qu'il n'y a pas d'heure pour jouer ;
- que c'est merveilleusement agréable de rejoindre son bébé la nuit et de le rendormir dans ses bras ;
- qu'il ne faut pas pas laisser pleurer les enfants si on peut les calmer ;
- qu'il est indispensable à son bébé jour et nuit…

… est un parent qui va continuer à se lever la nuit, même s'il est très fatigué. Il y trouve trop de satisfactions pour arrêter, quoi que lui dise son entourage et sa petite voix intérieure.

La valeur de l'attention

Il y a une chose très importante à savoir concernant les petits enfants, que les parents ignorent le plus souvent, ce qui les amène à commettre des erreurs éducatives. **Ce que l'enfant veut obtenir du parent, ce qui compte le plus pour lui, c'est de l'attention, c'est du temps.** Tant pis si c'est du temps où l'on se fait disputer, où il faut écouter des explications. Bien sûr, des câlins ou des jeux, ce serait mieux, mais mieux vaut du temps que rien. C'est pourquoi, **si vous revenez dans la chambre de l'enfant, même excédé, même pour lui imposer de se taire, c'est toujours un bénéfice pour lui.** L'enfant vous a vu, il vous a fait revenir : pendant ce temps-là vous vous préoccupez de lui et de personne d'autre, il vous mobilise plus que le film ou le petit frère, il a donc gagné ! Même s'il finit par se faire disputer.

La punition ou la colère n'est absolument pas la solution. Cela ne résout pas les troubles du sommeil. Cela ne fait qu'engendrer une anxiété supplémentaire, une crainte de ne plus être aimé.

La technique à appliquer est la même. **Seule l'absence de conséquence (ou des conséquences « neutres ») est à même de faire changer les choses.**

Rappelez-vous : si un comportement n'entraîne aucune conséquence, il disparaît.

80 Œuvrez *de concert*

La décision d'agir est à prendre à deux, la méthode à choisir ensemble, la force de tenir le coup à trouver en l'autre et dans l'amour qu'on porte à son enfant.

Supporter en couple les troubles du sommeil de l'enfant est une rude épreuve. Les rappels et le manque de sommeil mettent les deux parents sur le gril. Il est courant, pour éliminer le stress dû aux cris du bébé et pour éviter de s'en prendre à lui, de reporter ses tensions sur son conjoint. Soudain l'autre devient cause du problème. Difficile de garder sérénité et patience.

Mais lorsque vous déciderez d'agir pour faire cesser ces troubles, sachez que cela risque d'être encore plus difficile. La bonne nouvelle : ce sera plus court !

Prenez le temps de vous mettre d'accord

Vous allez devoir décider ensemble :

1. Que cela ne peut plus durer, qu'il est temps de régler le problème.

2. Ce que vous allez mettre en place pour que cela cesse.

Si vous n'êtes pas sur la même « ligne » éducative, prenez un temps pour en discuter tranquillement. Le but est de déterminer ce qu'il convient de faire le soir ou la nuit.

- Exposez chacun votre point de vue et réfléchissez aux compromis que vous pouvez accepter.
- Comparez vos objectifs et ce que vous êtes prêts à faire pour les atteindre.

- Mettez-vous d'accord sur une attitude commune. Si c'est trop difficile, allez en parler avec un professionnel.
- Un bébé dont les parents sont en désaccord manifeste aura beaucoup plus de mal à savoir ce qu'on attend de lui. Quant au plus grand, il apprendra vite à profiter de ce « vide éducationnel ».

Quand il convient d'agir

Les deux ou trois premiers jours peuvent être assez difficiles nerveusement. Il va falloir supporter que le bébé exprime sa contrariété. Lui donner le temps de comprendre que vous serez fermes sur vos positions. Le temps aussi d'apprendre une nouvelle manière de s'endormir.

Au cours de toutes ces étapes, vous allez devoir jouer la même partition à votre enfant et vous soutenir mutuellement. Si l'un de vous rompt le pacte, tout est à reprendre, plus difficilement.

La réussite de votre entreprise dépend en grande partie de votre fermeté commune et de votre force de conviction.

Les enfants de touts âges perçoivent très bien les conflits parentaux et ils savent en jouer en experts. C'est tout sauf apaisant pour les petits.

À l'inverse, le sentiment de compétence des parents grandit avec leur confiance en eux et avec les effets positifs, à court et long terme, de leurs actions sur leurs enfants.

81 Soyez vraiment *convaincu*

Lorsque vous aurez mis en place de nouvelles habitudes de sommeil, il est probable que votre enfant « tire » sur la corde au maximum : elle devra être solide !

Vos enfants ont des antennes très sensibles. Ils sentent parfaitement dans quel état d'esprit vous êtes et si vous vous attendez à ce qu'ils obtempèrent. Ils mesurent instinctivement leur « marge de négociation ». **Montrez votre détermination** : vous épargnerez ainsi bien du temps et de l'énergie.

De quoi devez-vous être convaincu ?

Des affirmations suivantes :

- La nuit, c'est fait pour dormir.
- Votre enfant a des besoins de sommeil supérieurs aux vôtres.
- Au-delà de ses protestations, dormir est bon pour son équilibre.
- Ses protestations n'affectent pas son équilibre profond.
- Être seul dans son lit et être abandonné, ce n'est pas la même chose.
- Vos choix et vos décisions sont les bons.
- Vous avez l'autorité nécessaire pour en convaincre votre enfant.

Pour convaincre votre enfant que vous ne plaisantez pas

Tout est :

- Dans le ton : c'est le moment de prendre une voix ferme, jamais agressive mais absolument décidée. Du genre : « Je ne plaisante pas. »
- Dans la formulation : vous ne suggérez pas, vous ne demandez pas, vous affirmez, vous donnez une instruction dont vous ne doutez pas une seconde qu'elle sera suivie d'effet.
- Dans le choix des mots : ils doivent être précis, brefs, clairs, simples, répétitifs et sans ambiguïté. Votre enfant doit comprendre exactement ce que vous attendez de lui.

Ne lui laissez aucun doute sur votre détermination

Quand vous donnez des instructions claires, ne laissez aucun doute à votre enfant sur votre détermination à les faire appliquer et à ne pas céder face à ses cris.

Imaginez un petit garçon de trois ans qui rappelle pour une quatrième envie de pipi alors qu'il est déjà supposé dormir.

Le parent A : « Tu es sûr que tu as encore envie ? Bon, je viens, mais après tu dors, d'accord ? Parce que je commence à en avoir assez de tes rappels. »

Le parent B : « Fini les balades. Maintenant tu te tais et tu dors. On fera un câlin demain matin quand tu te réveilleras. On est à côté. Dors bien. »

Parions que le parent B sera le seul à parvenir à son but. D'une part parce qu'il montre qu'il ne doute pas une seconde d'être obéi rapidement. D'autre part, parce qu'il explique à l'enfant tout l'intérêt qu'il a à le faire.

Vous pouvez aussi choisir de « vivre avec »

Pour une raison qui vous appartient, vous avez décidé de ne pas intervenir directement sur le sommeil de votre enfant. Peut-être attendez-vous un événement perturbant pour la vie de famille (déménagement, nouvelle naissance, séparation). Il se peut aussi que le mode de sommeil de votre enfant soit très lié à sa personnalité, à une maladie ou à des problèmes particuliers.

Si c'est votre choix actuel, n'en ressentez aucune culpabilité. Personne n'est prêt et le moment n'est pas le bon, c'est tout.

La difficulté va consister à supporter ces nuits hachées et écourtées : prenez soin de vous.

82 Adoptez *une attitude cohérente*

La cohérence entre ce qui est dit et ce qui est fait rend les règles simples pour l'enfant, compréhensibles, logiques, donc plus faciles à appliquer.

Cette cohérence indispensable pour régler les troubles du sommeil de l'enfant se retrouve à de multiples niveaux.

Être cohérent dans ce que l'on fait

Lorsqu'on demande à l'enfant de s'endormir le soir à une heure raisonnable, par exemple vingt heures trente, il est juste de créer autour lui les conditions qui vont rendre cela possible. Ce sera très difficile si :

- L'un des parents rentre autour de vingt heures trente de son travail. L'enfant n'a pas eu le temps de le voir. Il va forcément se relever. Le parent comme l'enfant vont avoir envie d'un moment partagé, ce qui est normal. Mais cela va retarder l'heure du coucher, remettre de l'animation et peut-être faudra-t-il attendre le début du cycle de sommeil suivant pour que l'enfant puisse s'endormir, soit plus d'une heure plus tard !
- Les parents jouent avec l'enfant à des jeux excitants ou tolèrent que leurs enfants jouent entre eux, quelques minutes avant la mise au lit.

La « marche vers le sommeil » est plus facile si elle est composée d'un rituel calme et d'activités paisibles : lecture, histoire, berceuse. Chaque étape est un pas de plus vers le sommeil.

Être cohérent dans ce qu'on dit

C'est le cas de la parole tenue, c'est aussi le cas de la menace ou de toute parole exprimant l'autorité. Il faut être très prudent lorsqu'on commence une phrase par : « Je te préviens, si tu continues.... (tu n'iras pas au zoo dimanche / je te donne une fessée / je dirai au Père Noël de ne pas venir / etc.) » Car l'enfant va continuer. Ne serait-ce que pour voir si les parents ont une parole, ce que signifient leurs mots, jusqu'où ils sont capables d'aller. Et là, les parents sont bien embêtés.

Donc, si une promesse doit être tenue, une menace également. Sinon les mots n'ont plus de sens. Donc **mieux vaut réfléchir avant de parler**.

Quand on a dit : « C'est la dernière fois que je reviens dans ta chambre ce soir », il faut que ce soit la dernière fois. Sinon, dans l'esprit de l'enfant, il y aura toujours une prochaine fois possible. Il n'est pas bon que l'enfant soit convaincu (et qu'il ait la preuve) qu'il peut faire ce qu'il veut de ses parents, y compris les amener à se contredire.

Être cohérent dans la durée

Un enfant pleure une fois la lumière éteinte. Lundi, maman revient trois fois lui faire des câlins et rapporte un verre d'eau. Mardi, il obtient le droit d'aller s'endormir dans le lit des parents. Mercredi, il fait une apparition au salon et s'endort finalement sur le canapé, devant la télévision. Jeudi, les parents en ont assez et exigent qu'il reste dans son lit… L'enfant n'y comprend rien. Pourquoi a-t-il droit au salon certains soirs et pas d'autres ? Parce qu'il n'a pas pleuré assez fort ? C'est la comédie tous les soirs.

L'attitude des parents, une fois définie, doit rester stable d'un jour à l'autre, afin que l'enfant en prenne l'habitude. Tout ne doit pas se rediscuter chaque soir, sinon c'est épuisant pour les parents et insécurisant pour l'enfant. L'enfant a besoin de comportements éducatifs définis et cohérents. Une règle une fois posée n'est plus discutée. Les exceptions ne pourront intervenir que lorsque la bonne habitude sera parfaitement prise.

83 Choisissez *le bon moment*

Le bon moment, c'est lorsque vous vous dites :
« Cette fois, ça suffit, on n'en peut plus, il faut vraiment faire quelque chose. »

Il y a un temps pour patienter et un temps pour passer à l'action. Un temps pour se laisser mener par le bout du nez et un temps pour reprendre les rênes. Un temps pour supporter et un temps pour dire « stop ».

Le temps de la décision

Certains d'entre nous trouvent pénible de se relever la nuit ou de n'avoir aucune intimité de couple avant vingt-deux ou vingt-trois heures. Mais, dans le fond, ils considèrent que ces désagréments font partie de la vie de parents. Longtemps absents pendant la journée, ils trouvent finalement assez normal d'être très disponibles la nuit. Certains ont résolu provisoirement le problème en laissant leur enfant dormir dans leur lit. Aussi ne sont-ils pas prêts à fournir l'effort (et à demander à leur enfant de fournir l'effort) de changer l'ordre des choses.

Ils oublient que les conséquences à long terme des troubles du sommeil, tant sur la psychologie de l'enfant que sur le devenir du couple, peuvent être importantes. Quoi qu'ils en disent, la situation actuelle leur convient relativement. Dans ce cas, il est inutile d'essayer de changer quoi que ce soit, cela ne marcherait pas.

Le bon moment

Vous pouvez vous lancez si :

- le médecin a confirmé que les pleurs de nuit n'avaient aucune raison médicale ;
- l'enfant est dans une période affective et existentielle stable ;
- les deux parents (voire les enfants aînés) sont d'accord et soutiennent la décision ;
- vous êtes prêts à supporter quelques pleurs pendant quelques nuits (généralement moins d'une semaine, disons quatre à six jours) ;
- vous voulez vraiment que votre enfant apprenne à s'endormir et à se rendormir seul. Vous êtes convaincus que c'est une bonne solution pour lui et pour vous.

84 Trouvez *la bonne attitude*

« Que c'est pénible, toutes ces soirées gâchées, qui se terminent dans les crises, les cris et les larmes... »
Une maman.

Il est impossible de faire dormir un enfant de force. Mais on peut se fâcher et l'enfermer dans sa chambre. Ce serait vraiment dommage. Le but est de réconcilier l'enfant avec le sommeil pour qu'il trouve un vrai plaisir à aller au lit.

S'énerver et crier est contre-productif

S'énerver, frapper, donner une fessée ou crier plus fort que l'enfant sont des attitudes parfaitement contre-productives.
Si elles vous échappent lorsque vous n'en pouvez plus, à bout de fatigue et d'exaspération, mieux vaut aller respirer à la fenêtre, prendre une tisane de tilleul, mettre des bouchons d'oreille, passer le relais au conjoint, mettre votre petit dans son lit porte fermée, et se coucher.

L'attitude qui fonctionne, celle à laquelle vous allez devoir vous entraîner, est calme, aimante, sécurisante, mais absolument ferme et convaincue.

Le « disque rayé »

En thérapie comportementale et cognitive, on conseille, pour obtenir de l'enfant ce qu'on lui demande, une technique appelée « le disque rayé ». Pour ceux qui n'ont pas connu les microsillons, je rappelle qu'un disque rayé répète éternellement la même phrase, sans jamais se lasser ni s'énerver.

« Va au lit maintenant, Lucas, il est huit heures.

– Mais mon dessin animé n'est pas fini.

– Je sais, c'est dommage, mais il est huit heures, tu vas au lit.

– Mais je ne saurai pas la fin !

– Tu la regarderas demain. Pour l'instant, comme il est huit heures, tu vas au lit !

– Mais je ne suis pas fatigué !

– Eh bien, tu liras un petit livre, mais au lit. »

Assez rapidement, voyant que tous ses arguments sont acceptés, mais qu'aucun ne vous fait plier, l'enfant, de mauvaise grâce, lâche prise.

Un « non » d'amour

Au milieu de la nuit ou pour les enfants plus jeunes, l'idée reste la même. Un ton gentil, compréhensif, mais non flexible. L'enfant doit être sûr que vous ne vous laisserez pas influencer par ses récriminations et que vous aurez le dernier mot.

Vous lui redites votre amour : l'enfant doit comprendre que vous faites cela pour son bien et non pour vous débarrasser de lui. C'est important qu'il sente votre résolution en même temps que votre affection.

– Tu es méchante !

– Non, c'est parce que je t'aime que je veux que tu dormes bien pour être en bonne santé et pour bien grandir.

Votre ton convaincu fera le reste...

85 Élisez la méthode *qui vous convient*

« Je ne sais pas pourquoi… Cela faisait des semaines que je disais à mon fils : "C'est la dernière fois qu'on se lève" et ce n'était jamais vrai. Et puis un jour j'ai décidé que ça le serait. » Un papa.

Vous trouverez des méthodes dans les chapitres suivants. Vous en trouverez d'autres, similaires ou approchantes, dans d'autres ouvrages. Toutes ont leurs avantages et leurs inconvénients. Aucune ne peut faire l'impasse totale sur les pleurs de l'enfant et toutes marchent plus ou moins, à une condition absolue : **s'y tenir**.

Il est très important, pour la réussite de la démarche, de choisir une manière de faire et de ne pas en changer. Je vous rappelle que **l'idée fondamentale est de rassurer l'enfant** (savoir qu'une chose se passe tous les jours de la même façon, c'est rassurant) **et de lui faire prendre de nouvelles habitudes** (pour cela il faut du temps).

Vous avez tout essayé ?

Tous les parents d'enfants qui ont des troubles du sommeil ont déjà entendu de multiples conseils. Quand ils arrivent pour consulter, ils affirment avoir déjà « tout essayé » (et bien sûr rien n'a marché, sinon ils ne seraient pas là !). Or c'est justement là une part importante du problème.

Il ne fait pas de doute, et des études américaines déjà anciennes l'ont clairement mis en évidence, que les bébés soumis à des méthodes variées deviennent fréquemment ceux qui se réveillent systématiquement. Dans ce cas, « le sommeil perturbé peut être imputé en partie directement à l'application de méthodes contradictoires, ce qui ne donne aucune base ferme à l'enfant pour établir un rythme de sommeil régulier ».

Les parents, contrairement à ce qu'ils pensent souvent, n'ont pas besoin d'un énième conseil ou d'un médicament magique. Ils ont besoin de comprendre pourquoi ils n'ont pas pu appliquer durablement le conseil qu'ils ont reçu et le faire accepter par leur enfant. Ils ont besoin d'un soutien pour se tenir au comportement qu'ils ont décidé d'avoir.

Quatre méthodes de base

En gros, pour retrouver la paix la nuit, il n'existe que trois méthodes, avec les déclinaisons qui vont avec. La quatrième consiste à ne rien faire, en tout cas pour l'instant, cela pour des raisons valables (voir conseil n° 91). La solution provisoire consiste alors à supporter du mieux possible la situation en attendant de pouvoir la changer.

Sinon, vous avez le choix entre :

- **La méthode radicale**. Elle se base sur le fait que les enfants apprennent à dormir correctement, de manière autonome, lorsque les parents cessent totalement d'entretenir des comportements inappropriés. Pour l'appliquer, il faut être convaincu qu'un comportement ignoré disparaît et que protester en criant n'a jamais fait de mal à un enfant.
- **La méthode progressive**. Elle se base sur le fait que l'enfant apprend mieux lorsqu'on fixe des étapes plutôt que lorsqu'on lui demande de changer radicalement, du jour au lendemain. Les parents interviennent moins vite et s'impliquent de moins en moins dans leurs interventions. Elle présente de multiples variantes.
- **Prendre votre enfant dans votre lit**. Solution à la mode dans certains pays. Nous en reparlerons.

86 Prévenez *votre enfant*

Le bon positionnement : être le “coach en sommeil” de votre enfant. À ses côtés et non contre lui.

C’est le dernier point. Un soir, sans transition, vous allez changer de comportement vis à vis de votre enfant. Si vous voulez sa participation, si vous voulez qu’il s’y retrouve, si vous voulez qu’il vous croie, il faut lui expliquer ce qui se passe.

Présentez-lui votre plan d’action

« Tu sais, nous avons bien réfléchi ton papa / ta maman et moi, et nous avons décidé que cela ne pouvait plus durer comme cela. »

- Dites-lui pourquoi c’est devenu insupportable : la fatigue, la tension nerveuse, l’absence de soirées agréables et de temps d’intimité pour votre couple.
- Dites-lui quel est votre but : qu’il soit au lit à telle heure, qu’il ne crie plus la nuit, qu’il dorme dans son lit et non dans le vôtre.
- Dites-lui ce que vous en attendez, pourquoi ce sera mieux pour tout le monde.
- Dites-lui ce que vous avez décidé et comment vous allez vous y prendre : « Ce soir tu iras te coucher dans ton lit. Je reviendrai te faire un baiser, puis je te laisserai dormir. »

Vous allez bien sûr adapter votre langage et vos explications à l’âge de votre enfant. Mais même un bébé peut comprendre quand ses parents lui expliquent que les choses ne se passent pas correctement et qu’elles se passeront autrement dorénavant.

Il se peut (il est même très probable) que votre enfant ne vous croie pas sur parole. Il y a si longtemps que vos mots et vos menaces ne sont pas suivis d'effets... Aussi son comportement ne va-t-il pas s'améliorer du jour au lendemain. Il va d'abord empirer, puis, rapidement, il va commencer à s'arranger.

Vos enfants vous font confiance. Décidez, expliquez-leur votre décision, puis appliquez-la avec constance. C'est le comportement qui sera le plus sécurisant pour eux.

Obtenez son accord

C'est toujours plus facile de travailler à un changement de comportement avec l'accord de l'enfant que contre lui. Positionnez-vous comme son « coach de sommeil ». Vous allez agir ensemble contre ses difficultés à dormir. Si vous lui demandez : « Tu es d'accord pour qu'on essaie quelques jours ? », il ne dira certainement pas non.

Être son entraîneur, c'est être à ses côtés. Cela implique de :

- L'encourager tous les soirs : « Tu vas arriver à te rendormir seul, tu vas voir. »
- Le féliciter tous les matins : « C'était difficile cette nuit, mais je sais que tu as essayé et je t'en remercie. »
- Lui promettre une médaille : « Quand tu auras passé une nuit entière sans crier, on... » (selon l'enfant et son âge, la médaille d'or prendra une forme ou une autre).

Combien de temps ?

À votre enfant, vous dites qu'à partir de maintenant les choses seront ainsi. Donc pour toujours.

Vous, vous savez que vous allez devoir vous armer de patience et de persévérance. Ce qu'on tente une nuit ou deux ne fonctionne jamais. Donnez-vous une semaine. Les progrès ne seront sans doute pas linéaires et progressifs. Ils peuvent même survenir d'un coup, au moment où, épuisés, vous alliez renoncer.

Donnez-vous huit jours... Et je vous assure que, neuf fois sur dix, il n'en faut pas tant !

chapitre 10

Les problèmes du soir : mise au lit et endormissement

87 Ne laissez pas *traîner les difficultés*

Plus un trouble du sommeil est traité rapidement, plus il est facile à faire disparaître.

Ce chapitre et celui consacré aux réveils de nuit, sont en réalité étroitement liés. D'une part parce que les deux types de troubles du sommeil se ramènent à un seul : l'enfant n'est pas capable de s'endormir seul et calmement, sans faire appel à ses parents. C'est donc cette compétence qu'il faut lui permettre d'acquérir. D'autre part parce que traiter l'un, c'est améliorer l'autre. Les enfants qui ont des troubles du sommeil sont généralement les mêmes à présenter toutes sortes de difficultés. Une fois réconciliés avec le sommeil, tout se règle en même temps. La famille retrouve la paix.

Intervenez rapidement

Plus un trouble du sommeil est traité rapidement, plus il est facile à faire disparaître.

Il est beaucoup plus simple d'apprendre à faire ses nuits à un bébé de six mois qu'à un petit de douze mois.

Lorsque le rythme mis en place auparavant a été quelque temps bouleversé (vacances, séjour à l'hôpital), il est plus facile de remettre en place de bonnes habitudes immédiatement, qu'après des mois de tolérance. Aussi mieux vaut ne pas tarder.

Un parent averti...

Ce qui paraît terrible aux parents, c'est le fait qu'ils vont devoir laisser leur petit enfant pleurer un moment, sans intervenir pour arrêter ses cris. Les pleurs d'un bébé sont ce qu'il y a de plus pénible à supporter. Surtout si on s'imagine que l'enfant pleure comme nous, adultes, le faisons : par douleur ou par chagrin. Or ce n'est pas le cas.

- Le nouveau-né pleure « par nature », pour exprimer un malaise ou pour se soulager.
- Le plus grand pleure lorsque ça ne va pas, ou par fatigue, ou par habitude, ou pour vous impressionner, ou… pour de multiples raisons.

Ce qui est sûr, c'est que laisser un enfant protester par ses cris, parce qu'il refuse de dormir seul, lorsque vous l'avez assuré de votre amour et de votre présence, cela ne lui fera aucun mal. Certainement moins qu'à ses parents qui vont devoir « tenir » malgré ces cris déchirants…

Pensez à la suite !

Aussi difficile que paraisse le « traitement » à certains parents, **rappelez-vous que le problème est réglé en huit jours maximum**, le plus souvent la moitié.

Non seulement votre enfant ne vous en tiendra pas rigueur, mais il sera d'autant plus joyeux et équilibré qu'il sera en paix avec vous et que ses nuits seront calmes. Est-ce que cela n'en vaut pas la peine ?

88 Habituez *les plus jeunes (six à dix mois)*

Avant un an, le changement est relativement simple. On cadre et on rassure...

Avant quatre à six mois, on ne parle pas encore de troubles du sommeil, sauf si l'enfant dort vraiment peu, ou qu'il n'a pas encore compris la différence entre le jour et la nuit. Disons que les parents peuvent encore faire preuve d'une bonne tolérance. Mais, entre trois et six mois l'enfant commence à s'organiser. À six mois, il est temps d'apprendre à dormir au bébé qui ne sait pas encore.

Le rappel des règles de base

À six mois, un bébé est capable de s'endormir seul et de dormir toute la nuit. Physiologiquement, il n'a plus besoin de repas pendant la nuit. Si votre bébé n'a pas encore pris ces bonnes habitudes de sommeil, c'est le bon moment pour les mettre en place. Si vous attendez, ce sera plus difficile dans quelques mois.

- Installez votre enfant dans son lit (et non dans le vôtre) et dans sa propre chambre (ou dans l'espace que vous avez aménagé pour lui).
- Déterminez la bonne heure de coucher, celle où l'enfant est prêt à s'endormir.
- Mettez déjà en place un petit rituel du soir, ce qui vous permet d'accompagner calmement votre bébé au lit.
- Faites-lui un gros câlin. Glissez près de lui une peluche ou un lange tout doux. Dites à votre bébé que vous allez le laisser dormir, que vous ne reviendrez plus avant le lendemain matin, que tout va bien.
- Quittez-le avant qu'il ne s'endorme.

Si votre bébé n'a pas l'habitude de s'endormir seul, il va probablement pleurer pour vous faire revenir. **Résistez à l'envie d'intervenir.** Tout ce que vous pourriez faire à partir de ce moment-là serait mal venu. Votre bébé doit trouver le moyen de s'endormir sans votre aide. Si vous intervenez pour l'aider, vous perturbez sa recherche.

Ne le laisser pas pleurer sans le rassurer

Il ne s'agit pas non plus de laisser votre bébé pleurer longtemps sans lui manifester votre soutien, ce qui serait injustement cruel. Au bout de quelques minutes, cinq à quinze selon votre capacité à supporter ses pleurs, vous pouvez aller dans la chambre, passer votre main sur son dos pour le réconforter, lui signifier que vous êtes là, puis ressortir rapidement. Surtout n'allumez pas la lumière, ne parlez pas, ne donnez rien qui pourrait être compris comme une « récompense » pour ses pleurs.

Il s'agit juste :

- de vous rassurer en allant voir si tout va bien, s'il n'a mal nulle part ;
- de le rassurer sur votre présence et votre affection.

Si bébé pleure encore dix minutes plus tard, recommencez. Jusqu'à ce qu'il tombe endormi. S'il se réveille la nuit, procédez de la même manière. Votre bébé doit sentir que vous êtes là, que vous êtes concerné, calme, aimant, mais que vous n'interviendrez pas davantage.

89 Soignez *la mise au lit (dix mois à quatre ans)*

Modifier les mauvaises habitudes demande rigueur, patience, progressivité, gentillesse, fermeté et réassurance. Tout un art !

À partir de neuf ou dix mois, un an, les mauvaises habitudes sont prises. L'enfant s'endort dans des conditions de dépendance à l'adulte, ou alors il a pris le pli de faire durer éternellement le rituel. Ses comportements pénibles ne sont nullement des provocations à votre égard, mais des habitudes qu'il a prises. Un apprentissage a eu lieu, à votre insu.

La méthode simple et efficace

La méthode proposée ici pour modifier les choses demande doigté, progressivité et réassurance.

Elle a une grande qualité : c'est une façon de faire très simple. Une fois que vous avez intégré le principe, inutile de garder le livre à la main à chaque rappel...

- Fixez une heure de mise au lit correspondant aux signes de sommeil que montre l'enfant et tenez-vous y le plus régulièrement possible.
- Établissez un rituel rassurant, limité, calme, immuable et facilement reproductible.
- Ne laissez aucun choix à l'enfant. Quand c'est l'heure du lit, c'est l'heure du lit, même si le dessin animé ou la tour en briques ne sont pas finis.
- Ne vous laissez pas entraîner dans des demandes sans fin. Le verre d'eau, c'est juste avant de se coucher, ou en se lavant les dents, plus après. Pipi, pareil.

- Terminez le rituel avec un gros câlin et une phrase magique au creux de l'oreille. Assurez-le que vous viendrez le voir et lui faire un petit baiser lorsqu'il dormira.
- Vérifiez que votre enfant a bien son « copain de lit » ou son doudou avec lui. C'est un élément de réconfort essentiel. Au besoin, allumez la veilleuse.
- Quittez la chambre une fois le rituel fini, sans attendre que l'enfant soit endormi. N'oubliez pas que ses conditions d'endormissement du soir doivent être les mêmes que celles qu'il retrouvera s'il se réveille la nuit. Donc pas de présence parentale ni de boîte à musique.

Couchez votre enfant plus tôt

Plus votre enfant est fatigué, plus c'est difficile pour lui de s'endormir, ou de rester endormi, ou les deux. À l'inverse, plus l'enfant est reposé, moins il s'oppose, mieux il accepte de se coucher et de s'endormir. Cela peut paraître paradoxal, pourtant testez et vous verrez combien cette simple connaissance de l'enfant se révèle efficace.

Le cerveau de l'enfant est sensible au manque de sommeil. Un déficit de sommeil génère des troubles du caractère : l'enfant devient irritable, il fait des colères, supporte mal la frustration. Toute demande est refusée, notamment celle d'aller au lit. Or se coucher trop tard est lié, au fil du temps, aux troubles du sommeil.

Repérez le moment où votre enfant est prêt à s'endormir, lorsque ses paupières s'alourdissent et que son rythme se calme, arrangez-vous pour qu'il soit couché à cette heure-là et la bataille sera à moitié gagnée.

90 Découragez *les rappels*

« J'adore mes petits bouts, mais le soir, c'est pour nous. Quand c'est fini, c'est fini. La maman patiente et douce que je suis le jour n'attend pas minuit pour se transformer en femme fatiguée, en épouse amoureuse ou en joggeuse les soirs de grand courage ! »
Une maman.

Même si votre mise au lit est impeccable et conforme au modèle, cela ne suffira pas. Même comblé de câlins et de mots doux, votre enfant vous rappellera pour en avoir davantage encore. Ou ce sera pour une « urgence pipi », un « mal au ventre » ou toute autre raison supposée vous faire revenir dans la chambre.

Si votre enfant vous appelle

Allez-y une seule fois, rapidement, pour vous rassurer sur le fait que rien de grave ne lui arrive. Dites-lui, d'une voix calme et ferme : « C'est l'heure du lit, maintenant, tout va bien, dodo. » Ne discutez pas, ne vous mettez pas en colère, ne criez pas mais ne sympathisez pas non plus. Si c'est dur pour vous de ressortir de la chambre rapidement, ne le montrez pas.

Si les pleurs persistent

Après une dizaine de minutes, dites-lui juste, à travers la porte : « Nous sommes là, tu peux dormir tranquille, à demain. » Après une vingtaine de minutes, entrez à nouveau. Toujours avec la même phrase. Restez moins d'une minute, puis ressortez. « Maman, un câlin ! », « Je t'aime, mais ce n'est plus l'heure des câlins, c'est l'heure de dormir. Je te ferai un câlin demain matin. »

En le rassurant ainsi toutes les quinze à vingt minutes, vous vous assurez que tout va bien et vous évitez que votre enfant ne se sente abandonné.

Ne montrez ni sympathie ni énervement.

Il ne sert à rien de se fâcher, d'alterner câlins et cris. N'oubliez pas qu'il ne s'agit pas de punir votre enfant ni d'obtenir quoi que ce soit par la peur ou la menace. Il s'agit de lui donner le plaisir de se coucher. La meilleure attitude, lorsque vous entrez dans la chambre ou l'y reconduisez, est d'adopter un visage lisse, inexpressif et de vous exprimer de manière neutre et répétitive.

Ne lui dire qu'une phrase, sans câlin ou autre récompense, vise à le convaincre qu'il n'a rien d'agréable à attendre de vous à cette heure-ci.

Envoyez le papa

Il est fréquent que le père soit plus efficace que la mère pour obtenir le calme du soir : l'enfant attend plus de souplesse de cette dernière et il se sent plus capable de l'attendrir. Dans ce cas, c'est au père d'y aller. Surtout si vous entendez : « Je veux maman ! » ou : « Non, pas papa, maman ! »

Le père se déplace et répond des choses du genre :

« Ta maman est fatiguée, elle se repose. À cette heure-ci, ce n'est plus l'heure des mamans. Donc tu te tais et tu dors. À demain. » Voire, pour les trois ou quatre ans : « Ta maman, la nuit, c'est avec moi qu'elle fait des câlins, pas avec toi. Dans notre lit, et non dans le tien. Tu la retrouveras demain, dodo. »

91 Remmenez *dans sa chambre l'enfant qui en sort*

« La porte de notre salon est vitrée. Nous couchons notre fils en prenant bien le temps du rituel. Mais dix minutes plus tard, il apparaît derrière la vitre, sans un mot, et nous regarde, d'un pauvre air d'enfant malheureux. Cela peut recommencer, encore et encore... Comment résister ? » Une maman.

Certains enfants, une fois couchés, se contentent d'appeler, pour que les parents reviennent dans la chambre. D'autres, plus agiles ou plus grands, trouvent particulièrement efficace de se relever et de rejoindre la famille au salon...

Quand il sort de sa chambre

- Si votre enfant sort de son lit, puis de sa chambre et qu'il vous rejoint, prenez-le par la main et reconduisez-le immédiatement.
- Ne montrez pas votre colère et ne discutez pas avec lui. Juste une phrase comme : « Je t'aime, mais c'est l'heure du lit pour les enfants, alors tu retournes dans le tien et tu y restes jusqu'à demain matin. »
- Il est important que vos mots aient du sens, que l'enfant soit convaincu que vous parlez sérieusement. S'il se relève encore, raccompagnez-le sans un mot. Fermement. Autant de fois que nécessaire.

Envisagez de fermer la porte

- Si votre enfant se relève trop souvent et que vous n'arrivez pas à en venir à bout, vous pouvez adopter la technique de fermer la porte de sa chambre (de manière qu'il ne puisse pas la rouvrir pour sortir). Les petits enfants ont horreur de cela. Il va donc protester.
- Dites-lui que vous laisserez à nouveau la porte ouverte s'il reste dans son lit. Il y reste ? Vous ouvrez la porte. Il se lève ou sort à nouveau ? Vous la refermez.
- Soyez très clair : « Si tu restes dans ton lit, j'ouvre la porte, si tu te relèves, je la ferme. »
- L'important est que l'enfant comprenne bien que la situation est entre ses mains. C'est lui, par son comportement, qui décide si la porte est ouverte ou fermée. Ses cris ne comptent pas, seul le fait qu'il se relève ou non.
- L'enfant doit vous sentir prêt à réagir immédiatement à son comportement, décidé à ne pas changer les règles du jeu.
- Une autre solution transitoire consiste, devant votre enfant et en lui en expliquant la raison, à installer un loquet (ou une barrière comme celle qu'on installe en haut des escaliers) sur la porte. Ce loquet tient la porte entrebâillée, l'empêchant à la fois de s'ouvrir et de se fermer sur les petits doigts. Cela évite bien des stress et l'enfant apprend vite à rester dans son lit... Ce qui rend le loquet inutile.

Dans le cas où votre enfant a le droit de sortir de son lit et de jouer avant de dormir, à condition qu'il le fasse tranquillement, vous lui demandez juste de ne pas sortir de la chambre.

92 Ré-habituez-le *à s'endormir seul*

Si vous êtes convaincu que votre enfant peut s'endormir seul, sans crainte et sans souci, dans le calme et en toute sécurité, il le sera aussi.

Rappelez-vous ce que nous avons dit au sujet de la « récompense » ou du « bénéfice » qu'est la présence des parents et combien elle suffit à créer puis maintenir un trouble de l'endormissement.

Un mécanisme délicat à repérer

Se retrouver seul dans son lit alors que la soirée se poursuit dans les pièces communes est la dernière chose que désire votre enfant. Il sait que, le rituel terminé, vous allez sortir de sa chambre. Aussi va-t-il faire tout ce qui est en son possible pour éviter ou retarder cette situation. Au début, rester un peu auprès de son petit, lui tenir la main ou lui chanter une berceuse, le voir glisser doucement dans le sommeil, tout cela est un grand plaisir pour le parent également. Je ne parle même pas de l'expérience tellement gratifiante de l'endormir dans ses bras.

Mais l'enfant grandit et les choses se compliquent. Il met davantage de temps à s'endormir, même en votre présence. Vous le croyez endormi, mais, dès que vous vous levez, il se réveille et vous rappelle en pleurant d'une voix désespérée et exaspérante....

Vous restez à côté de votre enfant, pensant que votre présence va l'aider à s'endormir doucement. Puis le piège insidieusement se referme et vous ne pouvez plus quitter la chambre sans provoquer des hurlements... Bien des parents passent ainsi des heures chaque soir dans la chambre de leur enfant... et ils sont parfois les premiers endormis !

Le remède est simple : vous sortez de la chambre sans attendre que votre enfant soit endormi. Il proteste ? Tenez bon, il s'y fera.

Si la peur du noir le tient éveillé

Il n'y a rien de plus à faire que ce qui a été indiqué précédemment (voir conseil 68).

Rassurez votre enfant de la voix : « Tu ne risques rien, nous sommes là, tu es en sécurité, tu peux dormir tranquille. »

Allumez une petite veilleuse dans la chambre. Elle suffit le plus souvent pour que l'enfant reconnaisse les formes familières de ses meubles et de ses jouets dans l'obscurité. Elle vous dispense aussi d'allumer si vous devez retourner dans sa chambre pendant la nuit.

Laissez la porte ouverte afin qu'il entende les bruits de la maison en arrière-fond. C'est souvent rassurant pour l'enfant d'entendre les bruits de la cuisine, des parents qui bavardent : il ne se sent pas seul ni abandonné. Il sait que vous veillez.

C'est tout. Si vous en faites trop, vous lui donnez l'impression qu'il a effectivement quelque chose à craindre.

Si l'enfant sent que vous avez « peur de ses peurs », il va vite comprendre que c'est un argument qui marche pour vous faire revenir et rester auprès de lui. Il va donc s'en resservir tous les soirs. Vous ne pourrez plus distinguer la vraie peur de la « manipulation ».

N'oubliez pas que les enfants copient les attitudes de leurs parents. Si vous êtes à l'aise dans le noir, si vous considérez l'obscurité comme douce et chaleureuse, votre enfant se rassurera bien vite. Montrez-lui que sa chambre est exactement la même dans la lumière que dans l'obscurité.

Renoncez à faire dormir votre enfant

C'est une bataille perdue d'avance. À l'enfant qui ne veut pas rester au lit, au prétexte qu'il n'est pas fatigué, répondez simplement que **vous ne lui demandez pas de dormir, mais de rester seul, au calme, dans sa chambre.**

Ce n'est plus « l'heure des enfants », mais rien ne l'empêche de regarder un petit livre ou de faire rouler une petite voiture. Sans autre lumière que la veilleuse, normalement fatigué, il finira vite par s'endormir. Cette façon de faire coupe souvent court aux conflits.

Il faut s'attendre à une réaction

Avant d'en arriver là, il faut s'attendre à ce que la situation empire. L'enfant, habitué à ce que ses parents viennent le rejoindre rapidement lorsqu'il les appelle et à recevoir des câlins, ne va pas comprendre ce qui se passe. Même si vous lui expliquez votre décision, il va tout tenter pour vous faire fléchir. Donc crier encore plus fort et plus longtemps que d'habitude. Mais certains vont plus loin : ils vomissent par exemple. C'est à cette étape :

- qu'il faut prévenir les voisins que les prochaines nuits vont être rudes ;
- qu'il ne faut surtout pas craquer et revenir au comportement d'avant. Vous devez, avant de commencer, être absolument décidés, ensemble, à tenir un minimum de trois nuits. À ce stade, l'amélioration vous aura convaincus de continuer.

Ne renoncez pas, quelle que soit la quantité de cris ou de pleurs de votre enfant. La première nuit est généralement la pire. Il n'est pas rare que la quantité de cris diminue déjà dès la deuxième nuit, et nettement dès la troisième.

Comme si l'enfant, au fond, n'attendait que cela : que ses parents posent une limite à sa toute-puissance et l'aide à se discipliner lui-même.

L'attitude des parents doit être patiente, affectueuse, ferme et déterminée. L'enfant ne doit pas se sentir rejeté ou en risque de perdre l'amour de ses parents.

Le lendemain matin

Quand l'enfant se réveille le matin, laissez-le se joindre à vous, même dans votre lit si vous y êtes encore. Faites alors un grand câlin de retrouvailles et prenez un joyeux petit déjeuner. **Montrez-lui votre plaisir de le retrouver.**

Quelle qu'ait été l'attitude votre enfant le soir et la nuit précédente, et la durée des cris, félicitez-le de ses efforts. Dites-lui qu'il est un grand de s'être enfin endormi tout seul et que vous êtes fier de lui. Vous lui faites confiance : bientôt, il y arrivera rapidement.

94 Prenez *quelques précautions*

Mieux vous préparerez le jour du grand changement, meilleurs seront votre conviction et le résultat obtenu.

Quand vous décidez que l'état actuel des choses ne peut plus durer et que vous allez faire ce qu'il faut pour que la famille retrouve des nuits reposantes, cela ne se fait pas du jour au lendemain. Ce n'est pas une technique de plus que vous allez essayer après toutes les autres. **C'est le premier jour d'une semaine qui va changer votre vie et permettre à chacun de retrouver son équilibre.**

Fixer le bon jour

Outre le fait de prévenir les voisins, il est bon de commencer la rééducation du sommeil au bon moment :

- Lorsque l'enfant est dans une phase calme de son existence, sans changements ou perturbations majeures (déménagement, changement de mode de garde, modification de la composition familiale).
- Lorsque les parents ont la possibilité de supporter quelques mauvaises nuits. Commencer le vendredi soir peut être une bonne idée, puisque les parents n'ont pas à se soucier de l'état dans lequel ils iront travailler le lendemain.

Attention : fixer le bon jour ne signifie pas remettre chaque fois à plus tard en attendant le moment idéal...

Remplir l'agenda

N'oubliez pas de remplir l'agenda de sommeil avant de commencer, pendant quelques jours, pour savoir d'où vous partez (voir conseil 78). Il s'agit de faire un état objectif de la situation de départ. Puis de le remplir chaque jour lorsque vous aurez commencé le « travail », afin de repérer et de suivre très concrètement les changements qui se produisent.

S'efforcer d'écrire chaque nuit le temps des pleurs, les moments d'intervention, les heures d'endormissement et de réveil, cela aide à dépasser l'aspect émotionnel. Il est si pénible d'entendre pleurer son enfant qu'il est bien difficile d'avoir une juste notion du temps. C'est pourquoi regarder la pendule et noter les heures est si important.

Voir sur le tableau que l'enfant n'a pleuré que trente minutes au lieu de cinquante la veille ne rend pas le temps de pleurs moins pénible, mais donne le courage de continuer.

Prendre soin des journées

Autant que possible, faites de ces journées des moments agréables, détendus, où vous vous montrez particulièrement disponible et encourageant pour votre enfant. C'est dans votre affection qu'il puise la force de faire les efforts que vous lui demandez. Il sent votre confiance et vos encouragements.

Il a besoin de sentir que vous êtes comme des « entraîneurs » qui le soutiennent dans la réalisation d'un exploit, et non des « adversaires » qui veulent se débarrasser de lui la nuit.

Attention aux aînés

Si l'enfant à qui vous allez demander de dormir toute la nuit sans aide dort dans la même chambre qu'un aîné, il peut être nécessaire de déplacer ce dernier quelques nuits. C'est d'autant plus simple qu'il n'a lui aucun problème de sommeil. Il peut dormir dans le salon, voire dans la chambre des parents. À celui qui reste dans la chambre, vous expliquez que son frère ou sa sœur reviendra dès qu'il ne fera plus de bruit la nuit et qu'il dormira tranquillement. Une motivation supplémentaire pour réussir rapidement !

Prévenir et se préparer

La conversation a lieu de jour, quand l'enfant est disponible pour écouter, jamais lors de la crise. Quel que soit l'âge de l'enfant, mais plus il est grand plus c'est une aide importante, informez-le de ce que vous allez faire, pourquoi vous allez le faire et comment. Dites-lui clairement ce que vous attendez de lui.

Ne vous attendez pas pour autant à ce qu'il se range rapidement à vos arguments logiques et adopte votre point de vue. Mais il sera touché par votre ton convaincu et amical.

« Je suis une maman tendue et épuisée parce que je ne dors pas assez la nuit. J'adore passer du temps avec toi la journée, tu es mon enfant chéri, mais la nuit j'ai besoin de dormir. À partir de maintenant, tu vas apprendre à te débrouiller seul et à ne plus nous appeler ni nous réveiller. Si tu te réveilles, tu t'occupes tranquillement dans ton lit ou dans ta chambre jusqu'à ce que le sommeil revienne. Ni ton papa ni moi ne viendrons nous occuper de toi. »

Décidez, au sein du couple, lequel devra intervenir lorsque les appels commenceront à trois heures du matin. Le plus résolu ou le moins sensible aux pleurs sera le mieux placé pour intervenir éventuellement auprès de l'enfant (voir conseil 95).

Savoir quand NE PAS utiliser cette méthode

C'est le cas si votre enfant :

- souffre d'une anxiété de séparation importante ;
- vit dans un environnement stressant ;
- à des soucis à l'extérieur, à l'école par exemple ;
- s'il y a eu récemment un deuil ou une naissance dans la famille proche ;
- s'il a été hospitalisé ;
- s'il n'a pas pu passer suffisamment de temps de qualité avec ses parents ;
- si ses parents sont en conflit important ;
- s'il est par nature un petit dormeur ;
- s'il souffre d'un problème médical qui crée un inconfort important;
- s'il a fait un cauchemar et qu'il est victime de terreurs nocturnes (voir conseil 99).

Dans tous ces cas et bien d'autres, l'enfant a besoin que ses parents fassent le nécessaire :

- pour comprendre ce qui le perturbe et en parler avec lui ;
- pour résoudre le problème dans toute la mesure du possible ;
- pour lui apporter encouragement, soutien et tendresse.

95 Appliquez *une méthode simple et efficace*

Au milieu de la nuit, montrez-vous neutre, mécanique, sans émotion, silencieux... Pour votre enfant, il ne doit pas y avoir de plaisir à voir papa ou maman à trois heures du matin !

La méthode consiste essentiellement en ceci : **ne plus intervenir.**

Si votre enfant a pris l'habitude de crier ou d'appeler, une ou plusieurs fois, au milieu de la nuit, sans autre raison que le désir de vous voir et l'impossibilité de se rendormir sans votre intervention, la seule solution est de le laisser se débrouiller. Il va rapidement comprendre que même pleurer ne lui permet pas d'obtenir ce qu'il espère : votre attention et votre présence. Au bout d'un moment, il arrêtera.

Suivant votre tempérament, vous choisirez votre façon de faire.

La façon radicale

Elle est appliquée par les tenants de la ligne stricte et rapide. Le principe est simple : après l'avoir informé clairement, on laisse pleurer l'enfant jusqu'à ce qu'il s'arrête et s'endorme.

Lorsqu'il appelle la nuit, on va le voir une seule fois, pour s'assurer qu'il n'a pas de problème de santé, que tout va bien. Sans allumer, sans le prendre dans les bras, sans lui donner à boire ni quoi que ce soit.

On rassure l'enfant, d'une voix posée et neutre, en lui disant que tout va bien, qu'on est là, qu'il doit dormir tranquillement, qu'on ne reviendra pas dans sa chambre, qu'on fera un gros câlin au matin. Puis on retourne se coucher, avec des bouchons d'oreilles.

Là commence la partie difficile de l'opération. Tenir le coup alors que l'enfant pleure et appelle. Cela peut durer une heure ou deux la première nuit, beaucoup moins les suivantes. C'est aussi redoutable qu'inévitable.

Si l'enfant se fait vomir à force de pleurer, vous entrez dans la chambre, changez ce qui doit l'être rapidement et sans un mot, et ressortez dès que possible.

L'inconvénient de cette méthode est que l'enfant risque de pleurer longtemps. Pour qu'il ne se sente pas abandonné à son triste sort, les parents redisent une fois ou deux, depuis le couloir ou leur chambre : « Tout va bien, on est là, dodo. » Mais c'est si difficile à supporter qu'ils craquent souvent avant que l'enfant ne finisse par s'endormir...

La méthode progressive

- Quand votre enfant crie la nuit, attendez cinq minutes avant de répondre. Puis allez-y et assurez-vous rapidement que tout va bien. Ne le prenez pas, ne dialoguez pas, n'allumez pas, ne le caressez pas. Regardez-le dans les yeux et dites-lui d'une voix ferme : « Tout va bien, Léa, maintenant tu te tais et tu dors. » Ne montrez ni sympathie ni hostilité.
- Si les pleurs persistent, attendez dix minutes. Puis retournez dans la chambre et, tout aussi brièvement, dites la même chose, de la même manière. « À cette heure-ci, on ne pleure pas, on dort. Bonne nuit, Léa, à demain. » Et vous ressortez.
- Quinze minutes, plus tard, si les pleurs sont toujours aussi vifs, vous redites la même chose, mais sans vous montrer, depuis votre lit ou depuis le couloir. Refaites la même chose si les pleurs continuent : attendre quinze minutes et répondre de la voix, sans vous montrer.
- Si, au bout de quinze minutes, les pleurs s'essoufflent et diminuent en intensité, ne vous manifestez pas : l'enfant va probablement s'endormir sous peu.
- Au réveil suivant ou le lendemain, refaites la même chose, mais avec des délais plus longs : d'abord dix minutes, puis quinze, puis vingt. Au réveil suivant, ou le surlendemain, commencez à quinze, puis vingt. Les autres jours, gardez cette même durée

de vingt minutes à chaque fois. À partir du troisième jour, ne vous dérangez plus qu'une fois à chaque éveil, puis contentez-vous de répondre de la voix.

Procédez de la même manière chaque nuit, à chaque éveil.

96 *Accrochez-vous !*

« Quand Aurore avait dix-huit mois, je me levais jusqu'à cinq fois par nuit pour me promener avec elle dans la maison en lui faisant boire un petit biberon de jus d'orange. Il n'y a qu'ainsi qu'elle se rendormait... » Une maman.

L'avantage de la méthode progressive sur la précédente, plus radicale, c'est que, en allant voir votre enfant une ou deux fois au bout de quinze ou vingt minutes, vous pouvez vous assurer que tout va bien pour lui.

Du point de vue de l'enfant, vos interventions, même uniquement orales, le confortent dans le fait que vous êtes là, tout près, et concerné. Il ne se sent donc pas abandonné mais soutenu.

Le choix de la méthode dépend aussi de son âge.

Une méthode à respecter

Les durées indiquées dans le conseil 95 varient d'un spécialiste à l'autre. Ce n'est pas le plus important. Cela dépend en partie de ce que les parents sont capables de supporter. Ce qui est sûr, c'est qu'un protocole précis est une aide précieuse. **Supporter des heures de pleurs de son enfant sans intervenir est extrêmement éprouvant. Regarder sa montre, noter, s'aider mutuellement à patienter, cela permet de tenir le coup.**

D'autre part, l'expérience prouve qu'une attente de vingt minutes représente un bon délai. Le plus souvent l'enfant va s'endormir dans les dix ou quinze minutes, ce qui est le temps nécessaire pour qu'il se détende et trouve en lui les moyens de s'endormir seul. Un temps supérieur à vingt minutes semble vraiment très long aux parents comme à l'enfant.

Tenir le coup est l'élément essentiel

Ne craquez en aucun cas, sauf si l'enfant est malade évidemment. Ne lui donnez rien de plus qu'un visage inexpressif, une voix calme et déterminée, une phrase répétitive.

Si vous suivez ce programme et que vous tenez le coup, à chaque éveil et chaque nuit, sans vous départir de votre calme et de votre conviction, **le problème de votre enfant sera résolu en très peu de temps, le plus souvent en moins d'une semaine.**

Si, à l'inverse, vous finissez par y aller et prendre votre enfant dans vos bras comme précédemment, après lui avoir bien expliqué que vous ne le feriez plus, que se passera-t-il ? Au lieu de lui avoir appris à dormir et à respecter votre parole, vous lui aurez appris qu'il suffit de pleurer suffisamment longtemps pour avoir le dernier mot et vous amener à faire ce qu'il veut.

La joie du matin

N'oubliez jamais, le matin, quelle qu'ait été la nuit, de montrer à votre enfant votre joie de le retrouver, de lui témoigner beaucoup d'affection et d'empathie, et de le remercier et le féliciter de ses efforts pour s'endormir seul. Après tant de colères, il a besoin de sentir qu'il est un bon petit garçon, une bonne petite fille, en qui vous gardez tout votre amour. Il a progressé ? Servez au petit déjeuner les céréales qu'il adore. Il a réussi ? Vous avez passé votre première nuit tranquille ? Faites-lui la fête !

Le bilan nécessaire

Vous vous êtes préparé, vous avez fixé un objectif, choisi une méthode, vous l'avez appliquée... Il ne vous reste plus qu'à faire le bilan du changement. Pour cela, continuez à remplir fidèlement l'agenda de sommeil de votre enfant.

Au bout d'une semaine, faites le point. L'objectif est-il atteint ? Sinon, quelles en sont les raisons ? Que pouvez-vous modifier pour être plus efficace ?

97 Interdisez *les errances nocturnes*

« La semaine dernière, j'ai entendu des bruits de voix au milieu de la nuit. Inquiet, je me suis levé pour voir ce qui se passait. J'ai trouvé notre fille de vingt mois assise sur le canapé devant la télévision allumée ! »

Un papa.

Il n'est pas rare que les petits enfants se promènent dans la maison la nuit. Réveillés, ils ont compris que leurs parents ne voulaient plus être dérangés. Ils font alors le moins de bruit possible, vont à la cuisine se servir à manger ou au salon allumer la télévision... Le moment idéal pour explorer tout ce qui est interdit le reste de la journée !

Inutile d'insister sur le caractère particulièrement dangereux de ces errances nocturnes...

À distinguer du somnambulisme

Ces promenades nocturnes doivent absolument être distinguées des accès de somnambulisme. L'enfant somnambule se lève, généralement de manière calme, hésitante. Sa promenade n'a pas forcément de but précis et il finit par retourner dans son lit.

L'enfant ne vient pas chercher ses parents. Il ne demande pas d'aide, pour une raison simple : en réalité il n'a pas cessé de dormir. Son corps se met en mouvement durant le sommeil lent profond.

L'enfant peut être reconduit au lit gentiment, mais il est tout à fait décommandé de le réveiller : cela ne pourrait que le mettre dans un état de grande confusion.

Le lendemain, il ne se souviendra de rien.

Si votre enfant est somnambule, limitez ses déplacements en fermant certaines portes à clé ou, plus simplement, avec une barrière en travers de sa porte ou du couloir. Vous pouvez aussi accrocher une clochette à sa porte qui vous signalera ses sorties.

L'enfant qui se promène la nuit dans la maison

- Commencez par vous assurer que, dans sa chambre, l'enfant est en parfaite sécurité. Puis expliquez-lui que, s'il se lève la nuit, il doit absolument rester dans sa chambre. Pour vous en assurer, vous pouvez fermer sa porte, ou, ce qui est moins traumatisant pour lui, installer une barrière comme celle que l'on place en haut des escaliers. Laissez-lui une petite veilleuse.
- Veillez, dans le même temps, à ce que toutes les portes de la maison, notamment la cuisine, la salle de bains et la salle de séjour, ainsi bien sûr que la porte d'entrée, soient bien fermées et que votre enfant ne puisse pas les ouvrir sans aide.
- Pour la question du téléviseur, il vous suffit de mettre la télécommande hors d'atteinte ou de ne pas laisser l'appareil sous tension. Ce n'est pas seulement une question de danger physique : il n'est pas souhaitable qu'un enfant regarde seul la télévision au milieu de la nuit, sans aucun contrôle sur les programmes diffusés.
- Dans ce cas aussi, accrocher une clochette à sa porte est utile. Non seulement pour vous avertir, mais pour rendre votre enfant davantage conscient du fait qu'il est en train de faire une chose interdite.
- Les enfants qui se comportent ainsi sont souvent ceux qui ont pris l'habitude de se rendre dans la chambre de leurs parents la nuit, pour y trouver du réconfort. Le fait de se promener seul dans les couloirs est devenu une habitude. Aussi je vous conseille de retourner cette habitude. Si votre enfant appelle, pour un malaise ou un cauchemar, c'est à vous de vous déranger et non à lui de vous rejoindre. S'il vient dans votre chambre, raccompagnez-le rapidement dans la sienne en lui demandant fermement de ne pas en bouger.

98 Évitez les *médicaments*

Un produit donné à un enfant dans le but de le faire dormir masque les conséquences des troubles du sommeil mais n'en soigne pas la cause. Il n'a pas l'âge pour des somnifères !

Il existe deux cas pour lesquels un enfant est amené à prendre des substances ayant des effets directs sur la qualité et la quantité de son sommeil.

Votre enfant suit un traitement

Vous êtes allé voir le médecin avec votre enfant et il vous a donné un traitement destiné à soigner une pathologie aiguë ou chronique. Si vous avez déjà des difficultés de sommeil avec votre enfant ou si vous constatez rapidement des effets secondaires aux médicaments, posez bien la question au médecin. Il existe en effet des médicaments qui excitent les enfants et les tiennent éveillés, quand d'autres les abrutissent totalement.

La plupart de ces médicaments ont des équivalents qui n'ont pas les mêmes effets secondaires, et qui pourront vous être conseillés en remplacement.

Vous souhaitez un médicament pour le faire dormir

L'usage des sirops pour dormir, dont les enfants en France font une grande consommation, doit rester exceptionnel, limité dans le temps et suivi par un médecin. Ces produits masquent les conséquences des troubles du sommeil mais n'en soignent pas la cause. L'enfant est abruti par l'effet hypnotique, mais personne n'a compris ni ne s'est interrogé sur ce que son symptôme signifiait.

Les médicaments efficaces, de type somnifères, ont un effet perturbant sur la nature du sommeil de l'enfant : ils diminuent le temps de sommeil paradoxal. Ils présentent aussi un effet d'accoutumance. Si bien que l'enfant, lors de l'arrêt du traitement, aura encore plus de mal à dormir et fera plus de cauchemars. Même si, à court terme, les médicaments calmants peuvent vous apporter un soulagement, ils ne sont pas une solution à long terme. Il est bien plus efficace d'apporter les changements nécessaires à un meilleur sommeil.

Quant aux médicaments peu efficaces, du type sirop antitussif, très souvent utilisés en automédication, ils doivent être utilisés avec beaucoup de précautions.

Il faut savoir que **les médicaments pour dormir entraînent parfois un effet paradoxal et une lutte encore plus forte contre le sommeil**. L'enfant est très énervé le soir, facilement agité et agressif dans la journée.

Mieux vaut tenter de comprendre les causes et choisir des remèdes doux

L'enfant n'a pas besoin de somnifères. Il a besoin qu'on comprenne les soucis qu'il a et qu'on lui apprenne comment faire pour bien dormir.

Si traitement sédatif pour l'enfant il doit y avoir, alors il doit être très doux et donné pour un temps court, pour passer un cap, en accompagnement d'une prise en charge plus globale.

L'usage des plantes aux vertus apaisantes est en revanche recommandé. En tisane ou en infusion, vous pouvez donner à boire à votre enfant, une heure avant le coucher, du tilleul, de l'aubépine ou de l'oranger. Ces infusions peuvent aussi être versées dans l'eau d'un bain chaud.

À essayer également : valériane, teinture de passiflore et eau de fleur d'oranger, à raison d'une vingtaine de gouttes dans un demi verre d'eau (ou de lait), chaude et sucrée.

99 Distinguez *cauchemars et terreurs nocturnes*

La technique précédente s'applique à l'enfant qui va bien, mais qui a développé de mauvaises habitudes de sommeil. Si l'enfant a fait un cauchemar ou s'il est victime de terreurs nocturnes, il a besoin d'être assisté.

La façon de réagir dépend de ce qui réveille votre enfant. Selon qu'il s'agit d'un cauchemar ou d'une terreur, votre réaction sera différente.

Les cauchemars

Les cauchemars des enfants, fréquents entre deux et sept ans, ne sont rien d'autre que des mauvais rêves comme tout le monde en connaît. Pour l'enfant, faire la part entre le rêve et la réalité est difficile. Quand le petit se réveille au milieu de la nuit, le voleur ou les chiens énormes dont il a rêvé sont encore présents. C'est pourquoi il va avoir besoin de ses parents pour se rassurer et reprendre pied dans le réel.

À moins qu'ils ne reviennent toutes les nuits ou plusieurs fois par nuit, **les cauchemars ne doivent pas susciter d'inquiétude particulière**. Ils font partie du développement habituel. Si l'enfant est normalement joyeux et actif dans la journée, un cauchemar occasionnel n'est pas un signal d'alerte.

Il est généralement facile de distinguer un cauchemar d'un éveil de nuit, régulier, toutes les nuits à la même heure, entre deux cycles. Réveillé brusquement, l'enfant appelle, parfois pleure. Selon son âge, l'enfant est capable ou non de décrire ce qui l'a effrayé.

Rassuré par ses parents, il va retrouver son calme et être capable de se rendormir aussitôt.

Que faire face à un cauchemar ?

- Supprimez de la vie de l'enfant, notamment le soir, toute émission télévisée ou toute histoire un peu effrayantes. Soyez attentif à ce que le rituel de mise au lit soit particulièrement paisible et rassurant.
- Si votre enfant ronchonne ou pleure un peu en dormant, ne le réveillez pas. Il rêve. Le moment désagréable qu'il semble traverser passera d'autant mieux que vous laisserez le rêve se dérouler normalement, sans intervenir.
- Si votre enfant vous appelle en criant soudainement, allez le voir (cela vaut mieux que le laisser venir) et réconfortez-le. S'il est capable de vous raconter son rêve, il en ressentira certainement un soulagement. Pour les plus jeunes, un câlin, un verre d'eau, reprendre son ours dans ses bras, suffit à les réconforter.
- **C'est surtout l'attitude calme du parent qui va rassurer l'enfant**, donc inutile d'en faire trop. Par exemple, inutile de regarder par la fenêtre si les méchants messieurs sont bien partis : cela ne ferait que donner une réalité à ce qui n'en a pas. Mais ne minimisez pas non plus son ressenti, réellement effrayant, avec une phrase comme : « Ce n'est rien, c'est un rêve ». C'est effectivement un rêve, mais, pour lui, ce n'est pas rien.
- Ne quittez l'enfant que lorsque vous le sentez rassuré et calme, prêt à se rendormir. Recouchez-le dans son lit, avec son doudou, et ressortez avant qu'il ne dorme à nouveau. Si ses craintes persistent, laissez une veilleuse ou la lumière du couloir allumée.

Les terreurs nocturnes

Les terreurs nocturnes se présentent comme une forme plus impressionnante, mais heureusement beaucoup plus rare, de cauchemars. Contrairement à ces derniers, elles surviennent de préférence dans la première moitié de la nuit (moins de trois heures après le coucher). Elles se forment dans la phase de sommeil lent profond. C'est pourquoi l'enfant ne se réveille pas réellement.

Dans les versions plus atténuées, l'enfant marmonne, s'assied l'air un peu hagard, puis se recouche. Dans la version plus forte, lorsque les parents arrivent dans la chambre de l'enfant, alertés par des cris, ils trouvent leur enfant assis ou dressé sur son lit, l'air complètement terrorisé par des choses visibles de lui seul. Si on le touche, il se débat et ne reconnaît personne. L'enfant peut crier, parler, s'asseoir, marcher, repousser qui veut l'aider. Il a les yeux ouverts, semblant presque halluciné, il ne voit pas ses parents. Aussi étrange que cela puisse paraître, il dort.

La phase de terreur peut durer entre dix et trente minutes. Puis l'enfant, s'il n'a pas été réveillé, reprend le cours de son sommeil, tranquillement. La terreur nocturne classique se termine aussi soudainement et mystérieusement qu'elle a commencé.

Que faire face à une terreur nocturne ?

La principale difficulté pour les parents consiste dans le fait qu'il n'y a rien qu'ils puissent faire, hormis s'assurer que l'enfant ne se fait pas mal pendant la crise. Le réveiller est difficile et parfaitement inutile. Cela ne peut que créer un état confusionnel très pénible pour l'enfant. Ils peuvent juste lui parler tranquillement, rester près de lui, lui passer un peu d'eau sur la figure, et attendre qu'il se rendorme. La seconde difficulté consiste à garder son calme et à ne pas s'affoler.

Bien qu'on ne sache pas encore très bien à quoi correspondent ces épisodes, les études ont montré qu'ils se produisent de préférence chez des enfants stressés ou fiévreux ou bien trop fatigués et excités au moment de se coucher. Environ trois pour cent des enfants sont concernés.

Le plus souvent, les enfants font quelques épisodes de terreurs nocturnes, puis cela disparaît totalement.

Si les épisodes se répètent, il peut être utile de consulter un psychologue afin de faire le point et de comprendre comment aider l'enfant.

100 Ne le prenez pas dans votre lit... *sauf si vous aimez cela*

Furtivement, il pousse la porte de la chambre de ses parents et se glisse tout doucement dans le grand lit. Maman lui fait un peu de place en soupirant. Papa ronchonne, se retourne et se rendort.
« Si seulement ils pouvaient me laisser là, se dit Louis, on est si bien tous les trois... »

Que vient faire un enfant dans le lit de ses parents ?

Parfois, il y est depuis la naissance. C'était plus facile pour l'allaiter la nuit. Les parents se sentaient plus rassurés d'avoir leur nouveau-né à côté d'eux, au cas où. Les mois ont passé, l'habitude est prise et chacun y trouve son compte.

D'autres fois, l'enfant dormait gentiment dans sa chambre. À l'occasion d'une fièvre, de cauchemars ou d'une nuit de vacances, l'enfant a été autorisé « exceptionnellement » à dormir avec ses parents. Deux ou trois nuits, parfois agréables pour tout le monde, parfois non. Puis l'absence d'intimité et de place dans le lit commence à peser aux parents, mais l'enfant, lui, y a pris goût et n'a pas du tout envie de retourner dormir dans son lit.

Enfin certains parents ont fait le choix du « family bed », comme disent les Américains, qui ont remis cette façon de faire à la mode.

Chacun sa vie, ses choix et sa façon de dormir.

Peut-on laisser l'enfant dans le lit parental ?

Il n'y a pas de problème à garder son nouveau-né près de soi la nuit. Dans le couffin à côté du lit et non dans le lit lui-même. Passé les premiers mois, dès que bébé « fait ses nuits », il est préférable de l'habituer à dormir dans la chambre qui sera la sienne.

L'idée de dormir avec son (ou ses) enfants dans un grand lit familial peut sembler rassurante et chaleureuse. Après tout n'est-ce pas le cas dans de nombreux pays du monde ? Pour apprécier l'idée de dormir en famille, il faut avoir le sommeil facile et renoncer à toute intimité de couple dans le lit, sexuelle ou non.

Il faut savoir que dormir avec son enfant dans le grand lit, c'est :

- Moins de sommeil pour les parents, dérangés par les mouvements et les bruits de l'enfant, mais aussi manque de paix et d'intimité.
- Moins de sommeil pour l'enfant. Paradoxalement, les enfants dans le lit parental se réveillent plus souvent la nuit que ceux qui dorment seuls.
- Difficulté de confier l'enfant, aux grands-parents comme à une baby-sitter.
- Il y a un risque de trouble anxieux : il n'est pas évident d'affronter les craintes liées à la solitude ou à l'obscurité lorsque les parents ont toujours protégé de tout.
- Les bons côtés :

  – C'est plus facile pour nourrir bébé à la demande.

  – Le bébé a tout le contact physique dont il a besoin.

  – Les parents n'ont pas à se relever la nuit pour intervenir quand c'est nécessaire.

  – Cela peut augmenter l'intensité des liens entre parents et enfants.

Le scénario à éviter fermement est celui où l'un des parents, excédé, laisse sa place dans le lit à son enfant et s'en va finir sa nuit dans la chambre d'amis ou sur le canapé du salon, quand ce n'est pas dans le lit de l'enfant lui-même. C'est l'équilibre familial et la vie du couple qui est en jeu.

La question : quand et comment se séparer ?

Même quand les parents ont choisi de garder leur petit enfant dans leur chambre (encore une fois, de préférence à côté du grand lit plutôt que dedans), se pose un jour la question de savoir quand et comment mettre un terme à cette situation. Si l'on n'intervient pas, l'enfant finit un jour ou l'autre par regagner sa chambre de lui-même, mais cela peut prendre de longues années. Si l'on intervient, passé l'âge d'un an, cela risque de ne pas être facile...

Pour la majorité des parents qui trouve que leur lit doit rester un lieu privé, au moins jusqu'au petit matin, il est bon de savoir qu'on peut éviter que les petits intrus ne se glissent entre les draps aux heures sombres de la nuit. Et que l'exiger est parfaitement légitime. L'enfant n'en sera pas traumatisé, au contraire. Il sera sécurisé de sentir que chacun est à sa place et que ses parents qui s'aiment ont besoin de temps seuls tous les deux. Mais comment s'y prendre ?

L'enfant qui vient se glisser la nuit dans le lit de ses parents

C'est tout simple. Vous **offrez votre sympathie, mais pas votre lit**. Si votre enfant appelle la nuit, c'est vous qui vous dérangez, pas lui qui se lève pour venir à vous. C'est fatigant, mais c'est plus sûr.

Chaque fois que l'enfant vient se glisser dans le lit parental, on le remmène dans le sien immédiatement, sans discuter (plus grand, on se contente de lui dire d'y retourner). On répète juste la règle que l'on a instituée : « Pour dormir, c'est chacun dans son lit. »

Tout délai ne fait que renforcer la difficulté. On procède avec gentillesse, pour que l'enfant ne se sente pas rejeté, mais avec fermeté. Pas de jeu, ni de câlin, ni même de sourire.

Il revient ? On recommence, avec la même détermination. Une fois papa, une fois maman, ou bien une nuit chacun. Afin que l'enfant sente bien l'accord de ses parents : impossible de jouer l'un contre l'autre. Cette façon de faire, si elle est coûteuse en sommeil au début pour les parents, est aussi la seule qui fonctionne rapidement.

Le secret tient en deux mots :

Détermination. L'enfant doit sentir que ses deux parents sont absolument décidés et ne se laisseront pas fléchir, même par une crise de larmes.

Cohérence. Si l'enfant est remis dans son lit le lundi et toléré le mardi, ou bien s'il est repoussé à minuit et accepté à trois heures du matin, il apprend surtout une chose : il faut toujours essayer. L'argument : « D'accord, mais juste pour cette fois » est totalement incompréhensible à cet âge-là. L'enfant a l'âge d'apprendre les règles, pas celui d'intégrer les exceptions à la règle.

L'enfant qui a toujours dormi avec ses parents

Quand ce cas, il s'agit de sortir l'enfant de la chambre, voire du lit, des parents pour lui apprendre à dormir seul, dans sa chambre. La difficulté de la transition va évidemment dépendre de l'âge de l'enfant. Dans tous les cas, vous allez avoir besoin de patience et de constance.

- Faites de sa chambre et de son lit des lieux agréables à investir.
- Commencez par habituer votre enfant à jouer dans sa chambre et passez-y du temps avec lui.
- Dans un premier temps, couchez votre enfant dans sa chambre pour les siestes. C'est souvent beaucoup plus facile que pour la nuit.
- Si votre enfant n'a pas de doudou, essayez de favoriser son attachement à une peluche particulière, avec laquelle vous le coucherez chaque soir. Le but est que l'enfant se sente en sécurité, la nuit, s'il serre cette peluche dans ses bras. Ou prévoyez de lui confier un T-shirt que vous avez porté.
- Prévenez votre enfant de ce qui va se passer à partir de maintenant, puis franchissez le pas de le coucher dans son petit lit, dans sa chambre, directement au moment de l'endormissement.
- Ne changez rien au rituel que vous avez mis en place. Il prend ces jours-ci toute son importance. C'est vraiment le moment où vous accompagnez votre enfant au lit où vous le rassurez, pour pouvoir le laisser ensuite se débrouiller. À la fin du rituel, souhaitez-lui une bonne nuit et sortez de sa chambre.
- S'il proteste, attendez quelques minutes, puis allez le rassurer. Ne le ressortez pas de son lit. S'il ne se calme pas, restez un petit moment à ses côtés, mais dans sa propre chambre. Ne revenez pas sur votre décision.

- Si votre enfant a du mal à s'endormir ou s'il se réveille la nuit, traitez ces difficultés comme cela a été décrit ci-dessus, mais en faisant preuve, les premiers jours, de beaucoup d'empathie et de compréhension.

Conclusion :
Les 10 points essentiels

Mon plus cher espoir est évidemment qu'au terme de cet ouvrage vous ayez trouvé :

- la conviction que vous pouvez agir pour remédier aux troubles du sommeil de votre enfant ;
- la méthode simple pour le faire.

Pour terminer, voici les dix points essentiels :

- **Les troubles du sommeil génèrent un stress important**. La solution consiste à faire ce qu'il faut pour que le problème cesse : appliquer les bonnes techniques ou consulter un spécialiste. Puis apprendre à se détendre et prendre soin de soi.
- **Les troubles du sommeil ont des répercussions négatives sur la vie de couple.** Expliquer à son enfant quelle est sa place dans la famille (une *grande* place mais pas *toute* la place) est le comportement le plus heureux qui soit pour son couple et pour son enfant.
- **Les parents ne sont pas coupables des troubles du sommeil de leur enfant** : ils en seraient plutôt les victimes ! Mais il leur appartient de comprendre les mécanismes et de changer ce qui doit l'être.
- **Le bébé (ou le petit enfant) n'est pas coupable non plus** : il ne fait rien dans le but prémédité d'embêter ses parents ou de les pousser à bout.
- Quand un enfant est fatigué, la réponse naturelle de son organisme est de fabriquer des substances stimulantes. **Un enfant « branché sur piles », « ronchon « ou pénible à supporter » est souvent un enfant qui devrait être couché plus tôt.**
- L'enfant qui dort mal est parfois anxieux : peur du noir, anxiété de séparation, etc. **Le rassurer consiste à l'aider à affronter ses craintes, non à les lui éviter systématiquement.**
- Plus souvent, **les troubles du sommeil sont juste la conséquence de mauvaises habitudes**, qui se sont mises en place insidieusement, à l'insu des parents.

- **Apprendre à son enfant à être autonome pour s'endormir et se rendormir, ce n'est pas l'abandonner** à son sort mais travailler à son équilibre, à sa santé, à sa confiance en lui et à sa joie de vivre.
- **Le secret de la réussite tient à la conviction d'y parvenir**, la confiance en son enfant et une tranquille et tendre fermeté. Des instructions simples, des paroles brèves et répétitives, des comportements clairs, sont plus efficaces que de longs discours.
- **Les troubles de la nuit se règlent !** Parents, n'attendez pas encore des jours, des semaines, des mois ou des années... avant de décider d'y mettre un terme.

Table des matières

chapitre 4 - La bonne attitude parentale

chapitre 5 - L'éducation au sommeil : de la naissance à 6 mois

chapitre 6 - L'éducation au sommeil : de 6 à 12 mois

chapitre 7 - L'éducation au sommeil : de 1 à 3 ans

chapitre 8 - Les points qui peuvent poser problème

chapitre 9 - Préparez-vous à l'action

chapitre 10 - Les problèmes du soir : mise au lit et endormissement

chapitre 11 - Les réveils et les appels nocturnes

conclusion : les dix points essentiels 297

MARABOUT
s'engage pour l'environnement
en réduisant l'empreinte carbon
de ses livres.
Celle de cet exemplaire est de :
300 g éq. CO_2
Rendez-vous sur
www.marabout-durable.fr

PAPIER À BASE DE
FIBRES CERTIFIÉES

Imprimé en Allemagne par GGP MEDIA GMBH
pour le compte des Éditions Marabout (Hachette Livre)
58, rue Jean-Bleuzen, 92178 Vanves Cedex
Achevé d'imprimer en août 2017

ISBN : 978-2-501-12430-0
6999235 / 01
dépôt légal : août 2017